广州市非物质文化遗产名录图典（2009—2014）

广州市非物质文化遗产保护中心 编

广州新华出版发行集团
广州出版社

图书在版编目（CIP）数据

广州市非物质文化遗产名录图典：2009—2014 / 广州市非物质文化遗产保护中心编 .— 广州：广州出版社，2019.6

ISBN 978-7-5462-2874-7

I. ①广… II. ①广… III. ①非物质文化遗产－广州－名录 IV. ① G127.651-61

中国版本图书馆 CIP 数据核字 (2019) 第 011779 号

书　　名　广州市非物质文化遗产名录图典 (2009—2014)
　　　　　Guangzhou Shi Fei Wuzhi Wenhua Yichan Minglu Tudian（2009－2014）
出版发行　广州出版社
　　　　　（地址：广州市天河区天润路87号9楼、10楼　邮政编码：510635　网址：www.gzcbs.com.cn）
责任编辑　蚁燕娟
文字编辑　梁惠明
责任校对　张　苹
装帧设计　广州六字文化传播有限公司 Guangzhou Liuyu Culture Communication Co., Ltd. 刘啟洪

印　　刷　广州市赢彩彩印有限公司
　　　　　（地址：广州市白云区嘉禾街鹤边鹤泰东路工业区 C 栋自编6号　邮政编码：510440）
规　　格　889 mm × 1194 mm　1/16
字　　数　396千
版　　次　2019年6月第1版
印　　次　2019年6月第1次
印　　张　17.25
书　　号　ISBN 978-7-5462-2874-7
定　　价　160.00元

《广州市非物质文化遗产名录图典（2009—2014）》
编辑委员会

非物质文化遗产保护：新时代、新使命

党的十九大报告指出："中国特色社会主义进入新时代，我国社会主要矛盾已经转化为人民日益增长的美好生活需要和不平衡不充分的发展之间的矛盾。"社会主要矛盾的变化，要求我们以习近平新时代中国特色社会主义思想，审时度势，大力提升社会发展的质量和效益，更好满足人民日益增长的美好生活需要。具体到文化发展上，就要坚定文化自信，大力弘扬中华优秀传统文化，推动优秀传统文化的"创造性转变和创新性发展"。

新时代，非物质文化遗产保护迎来了新的发展机遇，有了新的历史使命。

非物质文化遗产是中华民族世代传承发展的活的文化传统，是中华民族文化多样性的集中体现，是中华民族精神认同、文化自信的重要基础，也是社会可持续发展的重要资源。在"我们比历史上任何时期都更接近实现中华民族伟大复兴的目标"的当代中国，保护非物质文化遗产不只是维护文化多样性存在，还有更现实、更特殊的历史使命。

一、非物质文化遗产保护是人民追求美好生活的重要方式

党的十九大报告提出，新时代我国社会发展的主要任务就是要"不断满足人民日益增长的美好生活需要"。

著名心理学家马斯洛曾提出人的需求层次理论，认为人从低到高有五个层次的需求，依次为生理需求（Physiological needs）、安全需求（Safety needs）、爱和归属感（Love and belonging）、尊重（Esteem）和自我实现（Self-actualization）等。人对美好生活的理解，是随着需求层次从低到高的变化而不同的。

经过四十年的改革开放，新时代的中国人民对美好生活的追求整体上已发生了很大变化，从对最基本的生理需求、安全需求向高层次的爱和归属感、尊重、自我实现转化，从物质为主的需求向精神为主的需求转化。当然，这些转化的发展程度还存在不平衡现象。这也正是新时代社会发展要解决的问题。

保护非物质文化遗产本质上是保护人民追求美好生活的权利，因为非物质文化遗产本身是从人民追求美好生活的实践中产生并服务于该实践的。保护非物质文化遗产，不仅有助于

人民群众通过自己的努力实现对生理、安全等基本需求的满足，而且有助于人民群众在新时代实现需求层次的转化，追求对爱和归属感、尊重、自我实现的满足。

《保护非物质文化遗产公约》在界定非物质文化遗产概念时指出，非物质文化遗产使所属社区和群体“具有一种认同感和历史感，从而促进了文化多样性和激发人类的创造力。”这就明确揭示了非物质文化遗产对人民群众获得“认同感”“归属感”及“创造力”的价值。从这个意义上讲，保护非物质文化遗产就是保护人民群众从非物质文化遗产中获得“归属感”“创造力”的权利，就是保护他们追求美好生活的权利。

同样，《保护非物质文化遗产伦理原则》在阐述保护非物质文化遗产的伦理原则时，特别强调了尊重非物质文化遗产所属社区、群体和有关个人权益方面的规定：“社区、群体和有关个人应在保护其自身非物质文化遗产中发挥首要作用”“社区、群体和有关个人为确保非物质文化遗产存续力而继续进行必要实践、表示、表达、知识和技能的权利应予以承认和尊重”。这些规定，突出了人民群众在非物质文化遗产保护中的主体地位，肯定了人民群众在利用非物质文化遗产追求美好生活中的自主权。文化自主是文化自信的基础，也是实现美好生活愿望的基础。

二、非物质文化遗产保护是构建人类命运共同体的重要前提

党的十八大以来，习近平在多次讲话中提到“人类命运共同体”问题。从 2013 年在俄罗斯演讲中的国与国的命运共同体，到 2015 年博鳌亚洲论坛年会开幕式讲话中的“亚洲命运共同体”“人类命运共同体”，再到 2017 年“构建人类命运共同体”写入联合国决议案，习近平总书记倡导的人类命运共同体从理念、理论发展为明确的实践方案，为解决当前世界可持续发展问题提供了“中国方案”“中国智慧”。

“构建人类命运共同体”的核心内容，就是立足世界各国、各地区人民愿望和权益的最大公约数，同担共建、互赢共享，建设一个政治互信、经济共荣、文化和平、社会可持续发展的世界。其中，文化和平既是人类命运共同体的核心内容之一，又是政治互信、经济共荣的重要支撑。

非物质文化遗产保护以倡导文化平等为基本宗旨。正如《保护非物质文化遗产公约》所

讲，“在本公约中，只考虑符合现有的国际人权文件，各社区、群体和个人之间相互尊重的需要和顺应可持续发展的非物质文化遗产”。2003 年通过的《保护非物质文化遗产公约》及 2005 年通过的《保护和促进文化表现形式多样性公约》，与现有国际人权文件如 1948 年的《世界人权宣言》、1966 年的《经济、社会及文化权利国际公约》和《公民权利和政治权利国际公约》等，以国际法规形式肯定了保护非物质文化遗产、文化多样性的合理性，为构建人类命运共同体提供了法理依据。

非物质文化遗产保护对构建人类命运共同体的意义，不仅体现在世界层面，也体现在国家层面。在我国，56 个民族构成的中华民族命运共同体，也离不开我国的非物质文化遗产保护。习近平总书记2017 年 1 月 18 日在联合国日内瓦总部发表演讲时说：“‘和羹之美，在于合异。’人类文明多样性是世界的基本特征，也是人类进步的源泉”；“每种文明都有其独特魅力和深厚底蕴，都是人类的精神瑰宝。不同文明要取长补短、共同进步，让文明交流互鉴成为推动人类社会进步的动力、维护世界和平的纽带”。费孝通对文化互赏、互鉴，也有一个很好的概括：“各美其美，美人之美，美美与共，天下大同”。

要实现中华民族的伟大复兴，离不开人类命运共同体的构建，更离不开中华民族命运共同体的构建，而它们都是以非物质文化遗产保护为前提的。

三、非物质文化遗产保护是“五位一体”建设的推动力量

“五位一体”是党的十八大报告的新提法。“建设中国特色社会主义，总依据是社会主义初级阶段，总布局是五位一体，总任务是实现社会主义现代化和中华民族伟大复兴……必须更加自觉地把全面协调可持续作为深入贯彻落实科学发展观的基本要求，全面落实经济建设、政治建设、文化建设、社会建设、生态文明建设五位一体总体布局，促进现代化建设各方面相协调，促进生产关系与生产力、上层建筑与经济基础相协调，不断开拓生产发展、生活富裕、生态良好的文明发展道路。”

“五位一体”建设是一个有机整体，其中经济建设是根本，政治建设是保证，文化建设是灵魂，社会建设是条件，生态文明建设是基础。只有坚持“五位一体”建设全面推进、协调发展，才能形成经济富裕、政治民主、文化繁荣、社会公平、生态良好的发展格局，

把我国建设成为富强民主文明和谐的社会主义现代化国家。

非物质文化遗产保护与“五位一体”建设密不可分。首先，如果说文化建设是“五位一体”建设的灵魂，非物质文化遗产保护则是文化建设的灵魂，是“五位一体”建设灵魂之灵魂。因为，非物质文化遗产是优秀传统文化代表，是文化建设的源泉所在，其蕴含的文化理念、价值观念以及经验智慧，在现代文化建设中依然发挥着重要作用。其次，非物质文化遗产保护也是经济建设、政治建设、社会建设、生态文明建设等的内容，非物质文化遗产产生并服务于传统的“四个建设”，是在传统“四个建设”中产生的理念、知识、技能的结晶，对当代“四个建设”具有重要的借鉴意义。最后，非物质文化遗产保护以“五位一体”建设为背景、导向，是“五位一体”建设的重要内容。

四、非物质文化遗产保护是传播中国形象的重要途径

进入新时代，我们实现中华民族伟大复兴的中国梦进程中，在和平崛起的过程中，比以往任何时候更要讲好中国故事，传播好中国形象。

与历史上的大国崛起不同，中国崛起是建立一种新型大国关系基础上的崛起，是建立构建人类命运共同体理念上的崛起，是和平的崛起，是共享共赢的崛起。这种和平崛起的理念，是与中华民族传统文化讲求“和而不同”“己所不欲，勿施于人”密不可分的，是中华民族非物质文化遗产的基因所在。因此，要让世界理解中国的和平崛起，就要让世界理解中华民族的传统文化，理解中国的非物质文化遗产。

非物质文化遗产是人类世代传承的活的精神财富，是人类处理人与自然、人与人关系的智慧结晶。中华民族在五千年文明发展史中，创造并世代传承了无数非物质文化遗产。这些非物质文化遗产中所蕴含的中华民族的生产、生活、民俗和艺术实践的观念、知识、技能和风俗，是世界了解中华民族的重要窗口，也是我国对外文化交流的重要载体。

围绕“一带一路”“人类命运共同体”建设，围绕中国与世界各国的经济、外交交流，开展非物质文化遗产保护的合作与交流，是向世界讲好中国故事、展示中国形象的重要途径之一。

总之，进入新时代，非物质文化遗产保护工作迎来了新机遇，有了新使命。保护非物质

文化遗产将与人民追求美好生活、构建人类命运共同体建设、推动“五位一体”建设、传播中国形象等使命紧密联系起来。要履行好上述使命，我们就要大力宣传和展示中华民族优秀的非物质文化遗产，让人民认识、理解并自觉参与非物质文化遗产保护工作。

广州是一个有着悠久历史的文化名城、国际商都，又是我国最早对外开放的沿海城市。在几千年的历史发展中，本土文化与来自中原的、海外的文化相互激荡、交融，最终形成独具特色的以广府文化为主的多元文化，孕育出了丰富多彩的非物质文化遗产。从与广州得名相联系的五羊传说到广州人情感所系的粤剧、粤曲，从广州人习以成俗的广式早茶到广州商贸城市标志的“三雕一彩一绣”，从与广州人信仰生活密不可分的波罗诞、玉岩诞到广州人娱乐生活的醒狮、鳌鱼舞等，都是广州人世代传承的活的非物质文化遗产。

非物质文化遗产与广州人吃穿住行娱等日常生活密不可分，广州人创造、传承了非物质文化遗产，非物质文化遗产也造就了广州人。但是，随着城市化、现代化的迅猛发展，这些原本与广州人日常生活密切联系的非物质文化遗产，随着人们生产、生活方式的改变，渐渐淡出了人们的视线。广州人正在远离自己的传统，远离自己的文化。所以，展示和宣传曾经与广州人共生的非物质文化遗产，让那些曾经熟悉的非物质文化遗产回归广州人的生活之中，就变得尤为必要。

随着现代信息科技的快速发展，互联网已经成为人类生活和工作中必不可少的一部分。在人们普遍通过互联网获取信息的背景下，图像再度成为人们获取信息的重要途径。《广州市非物质文化遗产名录图典》对入选了各级名录的广州市非物质文化遗产项目采用图文并茂的方式加以介绍，正好适应了读图时代的需要，可谓与时俱进。

作为一个改革开放的前沿城市，广州非物质文化遗产保护工作在全国具有一定的代表性。《广州市非物质文化遗产名录图典》是新时代广州市非物质文化遗产宣传工作的一部分，也是履行新时代新使命的重要体现。

宋俊华

于中山大学中国非物质文化遗产研究中心

目录

民间文学

传统舞蹈

传统戏剧

传统体育、游艺与杂技

传统技艺

传统医药

民俗

附录

民间文学

I–2 何仙姑与挂绿的传说

项目名称　何仙姑与挂绿的传说

入选名录　第三批广东省级名录、第二批广州市级名录

流传地域　增城区

历史渊源

何仙姑是我国古代汉族民间传说中的“八仙”里的唯一女性。

何仙姑传说出自民间，有关她的历史文献十分丰富，最早见于唐代。此后历代文献多有记载，所述故事大同小异。

现知最早记载何仙姑传说的文献是唐代中期白居易（772—846年）的《白氏六帖·卷五·罗浮山十八》，其中有“何氏女持石”记载，并明确指出何氏为增城人，有神仙之术。北宋《太平广记》有广州何二娘白日飞仙的事迹，元代赵道一《历世真仙体道通鉴后集》和明洪武十一年（1378年）增城县令孟士颖《何仙姑井亭记》等文献也都有记载。

明洪武十三年（1380年）孙蕡《书何仙姑井亭记后》所记载的何仙姑传说十分完整。何仙姑，原是唐代前期广东增城何泰的女儿，一出生便有异象。有孝行，常采山果奉母。擅作诗，留诗若干。立志不嫁，十四五岁时梦见神人指点，服食云母粉成仙。

何仙姑传说在增城有深厚的社会基础。增城位于广州东部，处于亚热带季风气候区，炎热多雨，长夏无冬，特别适合种植荔枝。挂绿就是优质荔枝品种，在增城号“荔枝之王”，果肉洁白晶莹，清甜爽口，齿颊留香。挂绿的最大特征是果壳红中带绿，四分微绿六分红，从蒂部到顶部有一条绿线。增城民众觉得此果神奇，便不自觉地将它与本地仙人联系在一起，于是形成了何仙姑与挂绿的传说。

■何仙姑家庙内的何仙姑塑像

2009年，“何仙姑与挂绿的传说”被列入广州市第二批非物质文化遗产代表性项目名录和广东省第三批非物质文化遗产代表性项目名录。

基本内容

一、“何仙姑与挂绿传说”

据《增城文史》与《挂绿沧桑录》等记载，“何仙姑与挂绿传说”主要有以下三种说法：

第一，传说何仙姑能轻身飞天之事传到朝廷后，皇帝派官差带着圣旨和锦衣，到增城要接何仙姑入宫传术。何仙姑不从，官差放下锦衣便强行拉人，何仙姑母亲紧紧抱住她不放。双方正在争夺之际，突然霹雳一声响，官差被雷打翻在地，何仙姑则飞腾而去，母亲情急之下想拉住何仙姑，却拉脱了何仙姑的一双鞋，鞋子掉于井旁。何仙姑飞天成仙后不久，回家看望父母，其母把那日官差留下的锦衣交给她，何仙姑说：“我既不接圣旨，当然不会接受皇帝所赐，这锦衣源于百姓的血汗，就让其归百姓。”说完，便把锦衣向空中抛去，锦衣飘落于县城西郊的一株荔枝树上，后来这株荔枝树所结果实便有一道绿痕环绕，“挂绿”由此得名。

第二，传说何仙姑成仙后，不忘人间烟火，更不忘家乡的荔枝，常流连故乡。有一天，她来到西园寺的荔园乘凉、品尝荔枝，在她飞天离去时，衣裙上的一条绿色丝带不慎被荔枝树枝丫扯去，该株树便沾了仙气，其后每年所结的果实多了一道绿线痕迹，果肉甜美，与众不同，故名“挂绿”。

第三，传说何仙姑成仙后时常想念家人，有一次在八仙去蓬莱赴会之前，何仙姑特地回乡探亲，与母亲同坐于西园寺荔枝树下，一边乘凉，一边为母亲织绣花鞋。绣着绣着，不觉鸡鸣天将亮，何仙姑刚绣好鞋，就与七仙一起飞天北上，匆忙间将绿丝带挂于树上。荔枝树因此沾染了仙姑的仙气，结出绝世佳果。因每颗果子从蒂部到顶部都有一道绿痕，人们便给它取名“挂绿”。

二、与传说相关的实物或古迹

（一）挂绿老树

增城挂绿在清代已闻名于世，但由于强权的巧取豪夺，果农多不愿种植。至清末，广州全境所有挂绿只剩下西园寺中的一株老树，称为“西园挂绿”。为了抢救“西园挂绿”，从清道光年间至民国时期，均有人以它做母树进行圈枝或嫁接繁殖二代挂绿。新中国成立后，增城县农业部门曾多次进行圈枝育苗供果农种植，但由于各

●增城挂绿

●何仙姑家庙

种原因，“西园挂绿”从20世纪60年代开始逐渐衰败枯萎。后再经圈枝嫁接培育，濒危的“西园挂绿”才再现生机。据1995年版《增城县志》载，全县从“西园挂绿”母树圈枝嫁接培育的第二、第三代挂绿共有620株，其新中国成立以前繁育的有72株。2001年在增城挂绿广场举行的挂绿珍果拍卖会上，一颗“西园挂绿”拍出了5.5万元人民币的高价，被称为全球最昂贵的水果；2002年拍卖会上，一颗18.8克的“西园挂绿”更拍出了55.5万元人民币的天价。

（二）何仙姑家庙

何仙姑家庙位于小楼镇，是增城境内迄今最完好的何仙姑拜祭场所。何仙姑家庙由何仙姑故里何氏族人始建于明代，清咸丰八年（1858年）、1994年、2000年、2003年、2006年多次重修。建筑为三间三进，占地约140平方米。这是供奉何仙姑的主要场所，也是举行何仙姑民俗节庆的活动场所。每年农历三月初七何仙姑生日和农历八月初八何仙姑得道日，这里都会举行庙会。山门石横匾上的“何仙姑家庙”五字，是晚清书画家黄培芳手迹。大门左右有石刻门联“千年履舄遗丹井，百代衣冠拜古祠”，为广州史官所题。

（三）何仙姑井

在何仙姑家庙内，有一口八角形水井，麻石凿成，光滑细致。外壁镌刻“仙源涓涓，饮者万年”八个大字。左侧照墙嵌一碑，上刻“天花井”三个篆体字。据传，此井是何家做豆腐时用的。

●何仙姑井

（四）敕赐霞帔何仙姑碑

1987年秋在何仙姑井旁淤泥中清理出一块碑石，石长100厘米，宽60厘米，上书“敕赐霞帔何仙姑碑”。该碑是清代复刻，部分字迹模糊不清，但可见“敕命大唐天宝十载二月之宝大清宣统二年”字样。这是在唐代天宝年间增城就已有何仙姑传说的重要证据。

（五）八仙灰塑图

何仙姑家庙天井照壁上有一幅八仙灰塑图，八仙群立，栩栩如生，是庙中之珍品，也是八仙传说在现实生活中的反映。

项目点评

何仙姑是中国古代汉族民间传说中的八仙之一。何仙姑与挂绿的传说在增城历史悠久，诗词、文献记载丰富，并有祠、庙、井、荔枝树等遗迹与实物印证，是增城历史文化的重要组成部分，也是当地重要的文化旅游品牌之一。

何仙姑与挂绿的传说与唐宋笔记小说、元杂剧、明清诗文等中关于八仙的文学作品互为补充，使八仙传说的人物谱系更加清晰、完整，具有重要的文学价值。

何仙姑是八仙中唯一的女性。何仙姑与挂绿的传说，反映了人民对善良孝顺、扶弱抑强的女神的敬仰和歌颂，在今天仍具有一定的现实意义。

何仙姑与挂绿的传说，展示了岭南地区的风土人情，让人们在感叹增城挂绿神奇的同时，也了解增城挂绿存在的危机，从而增强生态保护意识，思考非物质文化遗产保护与自然生态保护的关系。

I–3　萝岗香雪

项目名称	萝岗香雪
入选名录	第三批广东省级名录、第二批广州市级名录
流传地域	黄埔区

历史渊源

萝岗，又名萝岗洞，位于广州市东北部，因其特殊的地理位置和气候条件，非常适合种植青梅。每至岁末年初，萝岗漫山遍野梅花似雪，芳香弥漫。“萝岗香雪”由此得名，并生发“萝岗香雪”的故事传说。

最有名的“萝岗香雪”传说主要有两个：一是钟老伯长江边遇鹰赐梅；二是玉岩大庾岭遇隐士赠梅。

漫山遍野梅花开

●萝岗香雪——旧羊城八景之一

传说钟玉岩的后人喜欢梅花，世代种植。至迟在明代，“萝岗香雪”便已声名远播。明清以来，无数达官贵人、文人墨客慕名前往萝岗赏梅，并留下许多故事传说。相传明代宗室衡阳王到萝岗巡游，在玉岩书院（又名萝峰寺）前建造了余庆楼并亲自题写“余庆”匾额。清代区丕烈到萝岗赏梅后作诗《游萝峰谒前贤宋大夫》云：“萝峰高构读书堂，四面云屏护短墙。赵氏江山何处去，大夫风范尚流芳。千岩瀑布经霜卷，一洞梅花带雪香。寄语游人凭远眺，纵横尽属宋文章。”1899年，克勤郡王晋祺为余庆楼题匾，放置在衡阳王匾后，并在玉岩书院正殿石柱上手书楹联：“蓬鸟云林，万本梅花千古色；萝峰泉石，百丛草木四时春。”

抗日战争时期，萝岗梅林遭遇重大破坏。新中国成立初期，萝岗逐渐恢复种植青梅。到20世纪50年代末60年代初期，进入青梅种植的鼎盛时期，萝岗重现十里梅林百里飘香的美景。1957年，广东省委书记陶铸在参观萝峰寺后，专门指示有关部门下拨专款对萝峰寺进行全面修缮。1960年，全国人大常委会委员长朱德到萝岗视察，留下了《游萝峰寺》诗一首。1962年，全国人大常委会副委员长郭沫若参观萝峰寺，并留下了著名的咏题萝岗香雪诗句：“岭南无雪何称雪，雪本无香也说香。十里梅花浑似雪，萝岗香雪映朝阳。”郭沫若与诗人钟踏梅的酬唱，在当地传为佳话，也由此掀起了到萝岗赏梅的热潮。1963年，“萝岗香雪”被评为“羊城新八景”之一，其优美的自然人文景观吸引了大量中外游客。据《萝岗镇志》记载，尼泊尔前国王比兰德拉、扎伊尔前总统蒙博托和夫人、安哥拉前总统多斯桑托斯等均参观过萝岗香雪。1983年1月7日，秦牧、关山月、卢荻等40余名著名文化人士，专程到萝岗观赏、吟咏萝岗香雪。1985年1月17日，到萝岗赏梅的市民达16万多人。

自20世纪80年代中后期始，在经济利益的驱使和气候变暖虫害频发不利种梅的双重影响下，萝岗村民伐梅种橙。到20世纪90年代，随着萝岗发展为广州柑橙的主要集散地，萝岗香雪美景渐渐从人们眼前消失。

2005年末，萝岗区政府出资恢复和重建了萝岗香雪公园；2008年11月，萝岗风景区的玉岩书院和萝峰寺被列入广东省文物保护单位。2009年4月，萝岗香雪被列入广州市第二批非物质文化遗产代表性项目名录；2009年10月，萝岗香雪被列入广东省第三批非物质文化遗产代表性项目名录。

萝岗香雪公园

基本内容

萝岗香雪故事传说的内容十分丰富，主要包括萝岗香雪的起源，玉岩书院（萝峰寺）的建造，以及达官贵人、文人雅士踏雪寻梅吟诗作画等。

一、萝岗香雪起源的传说

（一）钟老伯长江边遇鹰赐梅

传说很久很久以前，离广东很远的长江边上有一个村庄叫钟村。钟村里有一位老伯名叫钟玉岩。一天，钟老伯下地干活，一只老鹰从他头顶掠过，“呱呱呱”连叫了三声，跟着掉下一颗种子，他就把它种在地里。不到三天，地里就长出了一枝嫩绿的幼苗。不到一个月，幼苗就长到半人高了。三个月后，幼苗长到高过了人头，还长出了许多枝丫。到了那年冬天，树苗开花结果了。那细碎的小白花，香喷喷的，十里外都能闻到。结出的果子，绿莹莹的，像翡翠玉石一样，吃起来酸甜爽口。人们问钟老伯这叫什么果子，他心想这果子还没有名字呢，就随口说：“没。”人们听错了，还以为这果子就叫“梅”呢。后来，“梅”的名字就这样叫开了。

钟老伯对这株梅树照料得十分周到。他在梅树旁边盖了一间茅棚，把家也搬到那儿住了下来，早晚为梅树浇水、施肥、薅草、除虫。他还嫁接出了一百多枝新苗，将房前屋后都种满了梅。那年冬天，一百多株梅花全部开放了，村里成了花的海洋，白茫茫、香喷喷的，谁见了都叫好。

梅花的香气飘呀飘，飘到了皇宫里。皇帝一闻这香气，比米兰清幽，比茉莉还醉人，就问大臣哪里来的花香。大臣们如实禀报说是从钟村飘来的梅花奇香。于是，皇帝下了一道圣旨，要把钟村的梅树全部移到御花园里。钟老伯不肯，被绑到衙门，打了八十大板，还坐了九十九天牢。

当钟老伯回到村里的时候，钟村早已变成一片废墟，梅树全被抢走了，房屋也被拆平了，一个人也找不到了。钟老伯趴在土堆上，哭了三天三夜，眼泪都流成了一个水塘。有一天，他正伤心地哭，眼前忽然出现一株开满白花的梅树。他还以为是眼睛哭花产生了幻觉，走上前一摸，竟然是真的！他惊喜地连忙把梅树连根挖了出来，用他的破衣衫包住树根，抱在怀里，一个劲儿地朝南跑去。跑呀跑呀，也不知跑了多少日子，鞋子都跑烂了三双，磨掉了九层脚皮，才到了一个暖和的地方。那里四面环山，土肥水暖。他便在那里定居下来，把梅树栽在山谷里。经过代代族人的精心栽培，梅树繁衍生息，终成十里梅林百里飘香景观。这个地方，就是萝岗洞。这位老伯，就是萝岗钟姓始祖钟玉岩。（根据中山大学叶春生教授《广州的传说》中的《萝岗香雪》整理，上海文艺出版社 1985 年出版。）

（二）玉岩大庾岭遇隐士赠梅

传说南宋宁宗嘉定年间，萝岗洞有一个才子，名叫钟玉岩（萝岗钟氏始祖钟遂和之子），他在朝为官，历任武昌知府同知、福建参议、参议中书省兼参知政事朝议大夫等职，为官清正廉明，直至告老还乡。路经庾岭（即大庾岭），恰值隆冬时节，只见满山梅花盛开，如银似雪，幽香阵阵，迎风吹来，使人心醉。钟玉岩想，古人云“庾岭之梅，南枝先，北枝后”，大概就是这个地方吧，我何不在此游览一番！

当天晚上，钟玉岩一行便向附近一农家借宿。这农家主人是一位老者，热情好客，知钟玉岩是一位告老官员，更是盛情招待，备酒接风。原来这位老者是一位隐士，非常博学。席间两人交谈甚是融洽，直至深夜，都有相见恨晚之感。二人虽然同在广东，但南北相距千里，在风土人情、气候、耕作方面都有很大差异。老者向钟玉岩请教南粤的耕作种植，钟玉岩则向老者请教梅的种类及如何栽培。老者介绍说：梅有几种，分骨梅、黄梅、红梅、蜡梅等。花后有果，未成熟时，爽、脆、酸；成熟后，果肉软滑起沙，甜酸可口，有开胃消滞之功。果子收获后，用盐腌渍晒干，成为盐梅，日常食用，生津止渴。其中，红梅花开时呈粉红色，千树梅花白，一树梅花红，更显艳丽无比。相传有一位神仙叫天后元君，最喜欢红梅。每年三月初三元君诞辰，当地的善男信女便拿红梅去拜祭。蜡梅是梅中珍品，用来做酱助膳或配制佳肴，是其他梅子不能比的。钟玉岩听后，感慨地说：天下之大，无奇不有。岭南多佳果，还是梅领先。怪不得前人赞它冰肌玉骨，傲雪凌霜。最后，老者还向钟玉岩传授梅的栽培技术和管理办法。

钟玉岩一连几天外出赏梅，流连忘返。老者见状，心想：钟玉岩如此爱梅，我何不赠梅百株，让他带回老家种植？当即吩咐家人掘出梅苗，包扎好，送与钟玉岩。钟玉岩大喜过望，以纹银百两回赠，老者拒不接受。钟玉岩改赠书画，老者才欣然接受。

钟玉岩带着梅苗，一路小心翼翼，回到萝岗后吩咐族人按老者所授方法种植，精心栽培。他虽然已年迈，但仍经常亲自监督管理。几年后，梅苗已长大成林，开花结果。一日，正是梅花盛开时节，友人崔与之（钟玉岩父亲钟遂和的得意门生，曾任南宋丞相，后罢相回乡）来访，两人相见，分外高兴。钟玉岩即邀崔与之去赏梅。崔与之看到梅花盛开，晶莹灿烂，花如白雪，香气扑鼻，犹如一片雪海，随即赋诗助兴。自此以后，经过后人不断改良和培育，梅的品种越来越多，梅也越种越多，终成十里梅林。"萝岗香雪"声名远扬。（根据萝岗区文化站前站长梁中成《萝岗香雪的来历》整理，见《广州市白云区民间故事集成》，1987 年。）

二、玉岩书院建造历史的传说

玉岩书院在萝岗洞的萝峰山麓，始建于南宋，它保存了大量与萝岗香雪有关的文物古迹。玉岩书院的前身为萝岗钟氏始祖钟遂和所建的种德庵，曾更名为"萝坑精舍"，至元代才正式改名为"玉岩书院"。后来钟氏族人请来僧侣管理书院，故书院又名"萝峰寺"。后经历代钟氏族人修缮扩建，玉岩书院逐步形成了书院与寺庙并存的局面。自明代开始，玉岩书院声名远播。每到隆冬时节，萝岗洞山上山下、村前村后梅花盛开，一片洁白，吸引了无数达官显贵、文人骚客前来游览，留下了大量匾额、诗碑及诗词书画，也留下了大量与之相关的故事与传说。

●玉岩书院（正面）

三、达官贵人、文人雅士踏雪寻梅的故事与传说

（一）张维屏赏梅赠联

据传，清道光二十二年（1842 年）腊月，辞官归隐番禺（今广州市）的张维屏听说萝岗梅花盛开，香飘十里，便约友人黄培芳、黄玉阶前往萝岗，由主人钟逢庆陪同游览萝峰寺。

钟逢庆跟张维屏等饱览风景半日，已日落西山，他们移步寺内用餐，边吃边谈，边饮边笑，酒过三巡，吟诗作对。钟逢庆请张维屏挥笔，张维屏即席写下对联一副：“行云流水见真性，明月清风来故人。”撰联工整，书法雅丽，大家拍手赞好。他们畅谈至深夜，就在玉岩书院住宿。此联被刻制成木联，至今仍挂在天尊堂内。

（二）张之洞吟诗留碑

据传，清朝光绪十三年（1887 年）初冬，两广总督张之洞听闻萝岗洞梅花盛开，慕名前往萝峰寺一游。张之洞见阶旁翠竹夹道，淙淙流水，十分幽静，又见山间万树梅花迎风怒放，洁白如雪，香如兰桂，令人心旷神怡，不禁诗兴大发，索笔直书七言律诗一首。

另一传说，张之洞慕名前往萝峰山参观玉岩书院，观赏萝岗香雪，对满山梅荔、百果丰盈、村民富足大为赞赏，即兴吟五言长诗一首。

此诗后来被梁云渠用云石刻成诗碑立在玉岩书院东侧的山高水长亭内供游人欣赏。

（三）郭沫若与钟踏梅的诗歌酬唱

1962 年 1 月 6 日，全国人大常委会副委员长、中国科学院院长郭沫若由广州市副市长罗培元等人陪同前往萝岗赏梅，游览萝峰寺时看到钟踏梅所写的“清静潜修”四字和抄录的古诗，大为惊讶和赞赏。当得知钟踏梅为当地人并仍健在时，郭老非常欣喜。1 月 9 日，在罗培元和萝岗公社副书记钟锦荣的陪同下，郭老重访萝岗，专程到塘头村北社拜访民间诗人钟踏梅。后郭老与钟老相互赠诗，一时轰动南粤大地，掀起了新时期赏梅咏梅的热潮。第二年，“萝岗香雪”入选“羊城新八景”。

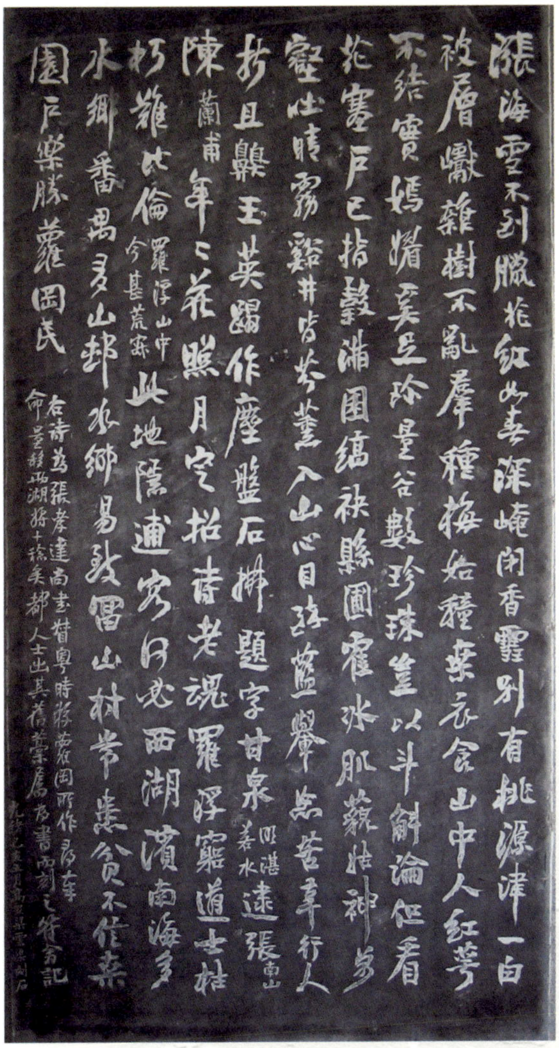

玉岩书院内张之洞梅花诗碑

（四）岭南文化名人赏梅雅集

1983 年 1 月 7 日，秦牧、关山月、卢荻、陈残云、韦丘、华嘉、李门、黄雨、秦咢生、黄文宽等 40 多位著名的作家、诗人、画家、书法家、摄影家前来萝岗赏梅雅聚。到达萝岗，天公不作美，雨下个不停，但一众文人兴致不减，雨中赏梅，吟诗作画，别有一番情趣。

项目点评

萝岗香雪故事传说是伴随着世代萝岗钟氏乡民种梅、敬梅，以及历代达官贵人、文人墨客与广大游客赏梅、咏梅而形成的。

萝岗香雪，是与萝岗独特的自然景观、家族文化、赏梅传统密切联系的民间文学，具有丰富的历史文化内涵，是人们了解钟氏家族文化、传统赏梅文化以及相关文人交游的重要载体，也是发展民俗文化旅游的重要资源。

I–4 金花娘娘的传说

项目名称 金花娘娘的传说

入选名录 第二批广州市级名录

流传地域 黄埔区

历史渊源

金花娘娘，又名“金花夫人”“金华夫人”，亦称“金花小娘”“金花圣母”“送子娘娘”等，是广府人传说中的生育女神和妇女儿童保护神。

金花娘娘的传说源于广州，播及广东全省，在珠江三角洲一带最为流行。据学者对《南海志》的考证，金花娘娘传说早在元代成宗大德八年（1304年）就有了。明弘治十八年（1505年）刊刻的《南海杂咏》是现存最早关于金花娘娘、仙湖及金花庙的文献。明洪武至成化年间，广东地方大员称其为“金花普主惠福夫人”，参与修建金花庙，将金花娘娘崇拜推向高潮。此后，明末清初屈大均的《广东新语》、清朝中后期黄芝的《粤小记》、梁绍壬的《两般秋雨盦随笔》、樊昆吾的《南海百咏续编》以及光绪年间的《广州府志》等都有记载金花娘娘的传说，故事越来越丰富，流传越来越广泛。到了清代，金花娘娘被赋予更多的护佑功能，其主事生育的角色更加突出。

●黄埔丹水坑金花庙金花娘娘像

广州至今仍有以“惠福”“惠福夫人”“金花”“金花庙”“仙湖”

●黄埔区萝峰寺金花庙

●黄埔长洲金花古庙

等命名的街道或社区，近年还有评选“金花娘娘”的活动。

2000 年 9 月，黄埔长洲金花古庙被公布为广州市登记文物保护单位；2008 年 12 月，黄埔长洲金花古庙被列为广州市文物保护单位；2009 年 5 月 12 日黄埔长洲金花古庙恢复举办“金花诞”（农历四月十七）民俗文化活动。2009 年 6 月，金花娘娘的传说被列入广州市第二批非物质文化遗产代表性项目名录。

基本内容

金花娘娘传说源于元代，到明清时期已发展为珠江三角洲一带民间广为流传的女神故事。

一、元代的金花小娘故事

据明代张诩《南海杂咏》记载，在仙湖西边，住着一户金姓人家。金家有一女，本是“湖仙”，是“西王妹”，被贬凡尘几千年而为女巫，姿色极好，人们都叫她“金花小娘”。金花小娘终身不嫁，后溺死湖中，尸身不坏，且有异香。乡人认为金花小娘是神仙，便为她立祠祭祀。

二、明代的金花夫人故事

据明末清初屈大均《广东新语》记载：“广州多有金华夫人祠，夫人字金华，少为女巫不嫁，善能调媚鬼神，

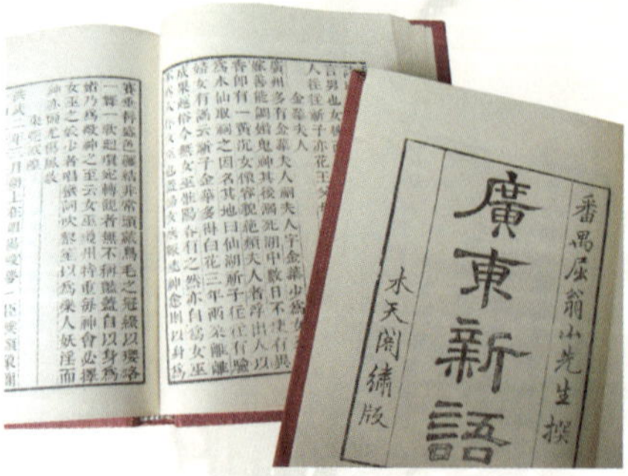

●《广东新语》中记载金花娘娘的传说

其后溺毙湖中，数日不坏，有异香，即有一黄沉女像容貌绝类夫人者浮出，人以为水仙，取祀之，因名其地曰仙湖，祈子往往有验。妇女有谣云：'祈子金华，多得白花（男孩）。三年两朵，离离成果。'"

三、清代的金花夫人故事

到了清代，金花故事内容更加丰富，且出现了多个版本。道光年间黄芝所著《粤小记》就记载了两个版本的传说。

传说一：金花本是巫女，于五月观看龙舟竞渡时不慎溺死湖中，人们在其尸身旁边发现了一个与金花面容相似且有异香的木偶神像，于是将神像立于祠中祭祀。

传说二：金花本为处女。当时有一个巡按的夫人分娩难产，几天都没有生下孩子。一天，巡按大人梦见神灵告诉他说只需请来金花夫人即可产子。巡按大人秘密访查，终于查到金花。果然，金花一到署衙，夫人便顺利产下一子。从此，人们将金花视为神灵，对她崇拜有加，不敢与她谈婚论嫁。金花羞愧之下，投湖而死。乡人便雕刻了她的神像，立于祠中祭拜。金花夫人本来姓金名花，人称"金花小娘"，但因为她能保佑妇人生子，人们不便再把她放在处女之列，于是改称其为"夫人"。

此外，也有关于金花娘娘生于洪武七年（1374 年）四月十七日子时，死于洪武廿二年（1389 年）七月七日午时的传说（樊昆吾《南海百咏续编》）；也有人认为那个赐名金花"金花普主惠福夫人"的明代成化年间巡抚陈濂就是传说中夫人难产的那个巡按大人；还有关于

●金花诞

金花娘娘是一个大户人家的侍女，能安抚小儿使小儿不哭的传说；等等。

民间奉祀金花娘娘最隆重的日子是农历四月十七日金花诞。旧时诞日，四乡信徒必到庙中祭拜。从清晨开始，各乡狮子队接踵而来，争先恐后涌入庙中，善男信女轮流跪拜，祈求生育者最为虔诚。庙堂中挂着大灯笼，四周悬挂着红白两色彩带或花朵，供求子者采摘。求男摘白花，求女摘红花。人们一边参拜，一边祈祷，口中念叨："祈子金花，多得白花。三年两朵，离离成果。"群众在金花庙前开坛打醮，演戏酬神，还有八音歌台、画舫船歌。妇女组织"金花会"，集资庆祝，到期备办祭品，请戏班，唱八音，非常热闹。

●金花宝殿

项目点评

金花娘娘的传说是珠江三角洲地区民众世代口耳相传下来的女神故事，具有重要的历史和社会价值。

金花娘娘的传说是岭南本土流传范围最广、延续时间最长的神仙传说之一。金花娘娘的传说丰富了岭南的民间传说，完善了岭南神灵崇拜体系。

金花娘娘是妇女儿童的守护神，反映了我国农耕社会繁衍生息的传统观念以及人们渴望得到保护的思想，是传统社会生产与生活的真实反映。

今天，随着社会的发展变迁，人们的生育观念发生了巨大变化，金花娘娘的传说也在发生变化，祈子、佑子的功能已转变为人们对美好生活的向往，古老传说正在焕发出新的生机。

民国金母陶瓷画

传统舞蹈

III–6　从化水族舞

项目名称　从化水族舞

入选名录　第二批广州市级名录

流传地域　从化区

历史渊源

从化水族舞，原名舞鲤鱼、鲤鱼舞、鱼灯舞等，始于清嘉庆年间，至今已有 200 多年的历史。

关于从化舞鲤鱼的起源，主要有两种传说。

传说一：古代的流溪河水很深，能行船，航道直通珠江三角洲各地。有一年，洪水大发，席卷田园村庄，一条红色的巨大鲤鱼随洪水游到了今天的流溪河温泉镇龙桥村草塘社。当地村民驻足观看，纷纷称奇，将鲤鱼尊为圣鱼，摆设香烛和供品祭祀，并派人朝夕守护。后来，洪水退去，但鲤鱼没有随水而去。因为草塘社不仅有草有塘，有山有水，地形又恰好像一条鲤鱼，鲤鱼便留在草塘社的流溪河里，每日在河水中自在游玩。在当地村民的悉心照料

水族舞《鱼游春水》参加主题为“精彩新生活 · 花城神韵”的广州市非物质文化遗产节目展演活动

● 草塘社水族舞表演

下，鲤鱼长得肥壮无比，每逢年底便在水中昂首喷水吐珠，翻云拨雾。村庄由此年年丰收，再没有受过水灾。村民们认为这是鲤鱼的功劳。为了祭祀酬谢鲤鱼，他们砍伐竹子，精心编织鲤鱼及其他鱼、虾、蟹等水族的道具，每逢新春佳节，便手持道具，成群结队，兴高采烈地舞鱼灯迎新年；或在祠堂敲锣打鼓，边舞边从祠堂四门进出，期盼大吉大“鲤”（利）、年年有“鱼”（余）。于是在当地逐渐形成了舞鲤鱼祈求风调雨顺、五谷丰登的习俗。

传说二：清朝乾隆年间从化县桃园镇草塘社，人丁不旺、百业萧条，村民生活在凄苦无望的痛苦之中。有一天，村里来了一位智者，查看了草塘社的地形，发现草塘社就像一条鲤鱼，于是告诉村民一个化解困境的秘方，让他们在正月初三晚上，各家所有男丁每人举一条编织的鲤鱼在全村舞动，祈求繁衍能力很强的鲤鱼保佑草塘社人丁兴旺。村中成年男子于是相约以竹篾编织或用纱纸糊成各种小鲤鱼，并在鱼腹内置红烛，农历正月初三晚上在村子里舞动。自此，每年正月初一至初三的白天，全村男子都在家编织鲤鱼，初三晚上至元宵节晚上则在村中舞鲤鱼。此活动后来逐渐扩至县内各乡，逐渐形成了在每年春节舞鲤鱼以祈求人丁兴旺的习俗。

此外，也有人认为，草塘社的舞鲤鱼习俗是由附近的平岗村传来的。传说草塘社附近的平岗村本是从化鲤鱼舞的故乡，但平岗村人觉得平岗是山地不适合舞鲤鱼，打算为鲤鱼重新找个好去处，于是他们选择了草塘社。因为草塘社不仅有草有塘适合鲤鱼生长，而且地形恰好就像一条大鲤鱼。

2009 年，从化水族舞被列入广州市第二批非物质文化遗产代表性项目名录。

基本内容

从化水族舞是从化区温泉镇草塘社流传最广的民间舞蹈，主要在春节期间举行，祈求人丁兴旺、风调雨顺、五谷丰登。舞蹈主要包括祭祀和表演两个内容。

编织鱼虾蟹的工具

一、祭祀

祭祀，主要是祭祀祖先，驱邪纳吉。分三个步骤：

1. 祠堂献祭。先在村子的祠堂里点上香烛，燃放鞭炮，祭祀祖先；再将编织好的大鲤鱼献于祠堂，表示引祥入室。

2. “走四门”。村里的壮汉将用竹篾编织好的鲤鱼、虾、蟹等各种水族模型排成长龙，在村主任的带领下，由“龙珠”引领，在锣鼓声中边走边舞，在村里祠堂的四面进出（寓意四方进财），祭祀祖先。

3. 各家献祭。水族舞表演队伍在祠堂祭祀结束后再去村里每家每户门前舞耍，途经之处，男女老少夹道欢迎。所到之地，家家户户设案焚香，燃放鞭炮，喜迎吉祥如意来临。

活灵活现的鳌鱼

二、表演

水族舞表演多为集体舞，表演者除了水族舞者，还有击鼓 1 人、敲锣 1 人、打镲 1 人。水族舞表演一般有四个步骤：

1. “鱼游春水”。成群结队的鱼虾蟹，在龙珠的引领下自由自在地游荡。随着锣鼓咚咚响，擎龙珠的人灵巧地腾挪、跳跃，动作刚健、灵活。通亮的龙珠牵引着鳌鱼、鲤鱼等众多水族在祠堂内翩翩盘旋、穿梭走阵，鱼灯飘忽摇曳，舞者舞姿流畅，富有独特魅力。

2. “鱼跃龙门”。大小鱼群在激昂的鼓乐声中，追波逐浪，欢腾起舞，欢快地游向龙门，跳过龙门。随着锣鼓声，表演者擎鱼起舞，忽高忽低，表示鱼在游动；来往穿梭，时急时缓，表示鱼在水中或顺流而下或逆流而上；边舞边唱，勇搏湍流，鲤鱼跃门，表演达到高潮。领头人手擎的鳌鱼颜色深青，龙首鱼尾。它先跳跃龙门，变成龙头，然后返回给众鲤鱼当向导，

黎锐培讲解鲤鱼编织技术

使鲤鱼家族都“成龙”。表演者轮流擎高鱼儿，自上而下地摆动鱼身，表演者身子也随之转动。锣鼓声、欢呼声不断，场面热闹非凡。

3. “鱼虾嬉戏”。群鱼欢舞，时分时合，一会儿鳌鱼发威，一会儿螃蟹横行，一会儿虾蟹角逐，好不热闹。舞者多能把握水族特性，表演生动形象：鳌鱼沉稳坚定、庄重徐缓；小鱼乖巧多变、灵活敏捷，表演者以踢腿、扭屁股动作为多；虾蟹动作灵活洒脱，时而随鼓声跳跃，时而作戏谑表演，很有韵味。

4. “鱼乐升平”。随着刚柔相济的鼓乐声，鱼群的舞动时而潇洒刚劲，时而娴静抒情。鳌鱼舞者藏在道具中，双手握住鱼头中的两根横杆操作舞动，使鳌鱼时而昂头，时而低头，时而侧身，时而起伏有致缓慢前进，时而如在旋涡中急剧旋转。群鱼闹湖，“鱼”乐升平！

从化水族舞不但内容丰富，而且造型独特生动，表演细腻逼真，艺术感染力强，具有鲜明的特色。

1979 年在从化新世纪广场举行水族舞汇演

2007 年从化水族舞参加国庆巡游表演

2012 年 5 月 10 日在村里表演从化水族舞（余怀斌摄）

代表性传承人

黎锐培 男，1947 年生。1959 年跟父亲黎伟基学习水族舞和编织技艺，全面掌握水族舞表演的套路动作和竹编手艺。黎锐培对水族舞的道具和表演形式反复修改并逐步完善，形成了四个完整的套路，即“鱼游春水”“鱼跃龙门”“鱼虾嬉戏”“鱼乐升平”。黎锐培于 1982 年正式投入教学指导工作。为让竹编手艺和水族舞的演技薪火相传，他组织培训班，手把手地进行传帮带，培训了 200 多人。黎锐培现为从化区温泉镇龙桥村水族舞的领头人，喜庆日子或春节期间便组织进行排练、演出和参加各种比赛，水族舞受到热烈赞赏并引起强烈的关注，广州电视台、南方电视台和从化电视台曾专题报道。

●从化水族舞代表性传承人黎锐培

●黎锐培教授水族舞

项目点评

从化水族舞是当地水乡生产、生活的产物，具有丰富的文化、艺术价值。

从化水族舞是广东鲤鱼舞的重要组成部分。在唐宋时期已出现的鲤鱼舞，在广东各地有广泛传播，但各地的鲤鱼舞在道具、演出人数、舞蹈套路、伴奏音乐等方面都有所不同。作为广东鲤鱼舞的代表，从化水族舞对认识和研究广东鲤鱼舞具有重要的价值。

从化水族舞表演逼真、细腻，以“龙珠”引领，演员表演起伏流畅，舞姿各异，动作变化多样；道具制作精良、形态各异、惟妙惟肖，塑造了鲜明生动的舞台形象，充满了浓郁的乡土气息和地方特色，具有较高的艺术感染力。

今天，随着人们思想观念和审美方式的变化，从化水族舞的传承发展也面临各种问题。如何让从化水族舞在继承中不断创新，融入当代生活，是从化水族舞发展面临的核心问题。

III-7　舞春牛

项目名称　舞春牛

入选名录　第二批广州市级名录

流传地域　增城区、黄埔区

历史渊源

舞春牛，又称“春牛”“唱春牛”“鞭春牛”“打春牛”“春牛山歌”等，边舞边唱，流行于广州市增城区的荔城街、朱村街、派潭镇及黄埔区的九龙镇、永和街等客家村落，是当地客家人重视农耕文化的反映。

舞春牛源自西周“出土牛，以送寒气”的习俗，盛于唐宋。每逢立春日，天子便率群臣于东郊举行迎春仪式，鞭牛劝农，祈求风调雨顺、五谷丰登、六畜兴旺。

明末清初，客家人从中原向江西、广东、广西等地迁移。古代的粤北山区，人们视牛为吉祥物，对牛非常崇拜。在新春开耕前，扎制纸牛，载歌载舞，歌颂牛的功劳，祈求一年五谷丰登。

清代中期，粤北的客家人陆续南迁到增城境内，粤北的舞春牛习俗也随之带到增城。不过，到这个时期，舞春牛习俗已从宋代以前鞭打土牛的官方劝农仪式逐渐转化为现代的绕春牛跳舞、唱春牛调和表演春牛舞的民间舞蹈活动。

● 舞春牛表演

新中国成立初期，增城的许多村庄都有自己的春牛队伍，演出活动频繁。土改时期，舞春牛发生了较大的改变，形成了有生有旦、有歌有舞的表演形式。由于历史原因，舞春牛曾一度中断，直到改革开放后才得以恢复和发展。自2005年至2006年，广州市调整行政区划，把增城市中新镇的洋田、大坦、旺村以及永和镇永和村等客家行政村被划入黄埔区，舞春牛也被带到黄埔区。2009年，舞春牛被列入广州市第二批非物质文化遗产代表性项目名录。

基本内容

立春，是我国二十四节气之一。耕牛，是农业社会的重要生产工具，是农耕文明的重要文化符号。我国自古就有立春之日送句芒土牛的习俗。每逢立春之前一日，有司便筑泥造芒神、土牛，涂之以丹青，堆之以春山；立春之日，芒神土牛出，导之以鼓乐，至官府造春棚前，众人祭祀，后鞭土牛，须臾即毁。广东风俗认为句芒为童子，若着帽则春暖，否则春寒。土牛色红则有天旱，色黑则有水灾。民众用红豆、五色米撒在土牛上，以消灾解厄；用土牛的泥“泥龟”，祈求六畜兴旺。

舞春牛道具牛头

舞春牛以祝贺新春，催促农耕，祈求风调雨顺、五谷丰登、六畜兴旺等为主要内容，兼唱爱情故事；以山歌对唱为主要形式，载歌载舞，生动活泼，欢乐诙谐。唱词均与农事有关，如唱耕种、除草、二十四节气等。舞春牛活动一般在春节前后进行，主要在春节期间至春耕前夕。黄埔的舞春牛源自增城。

一、舞春牛故事

表演长工五哥与卖花姑娘的爱情故事。立春之日，事头婆（地主婆）叫长工起床做工开春。长工扛着犁、赶着牛下田干活。田事很多，长工一人无法完成，求事头婆增加人手。事头婆请来了五哥。机智、幽默的五哥在田间遇上了美丽、善良的卖花姑娘，便故意将锄头遗落在田边，让卖花姑娘捡到锄头。接着，五哥和卖花姑娘互对山歌，以山歌传情，最终结为佳偶。

另外，也有舞春牛表演早年丧夫的老板娘与长工或长工与财主女儿的爱情故事。

二、舞春牛角色与装扮

春牛：先用竹篾编织出黄牛牛头和牛身的轮廓，接着用纸皮、泥巴涂抹塑形，最后黄毛布敷于表面，使其全身有均匀的“黄毛”。牛角与四脚用木棍制成，用锅灰（广州话叫镬捞）或墨水涂黑，四脚底部装上轮子以滑行。表演时不用人舞动，而由长工鞭牛犁田、放牛郎牵牛或赶牛前行，较好地表现了古代鞭春牛的传统。

长工：头戴客家凉帽，着白色短褂、黑色绑腿裤，左手推着犁，右手扛着锄头。或者头绑汗巾，左手推着犁，右手持牛鞭。

五哥：装扮如长工。

事头婆：着锦衣、黑裤。

卖花姑娘：头戴客家凉帽，着粉色斜扣上衣、粉色裤子，系黑色绣花围裙，担两个花篮。

卖花姑娘同伴：装扮如卖花姑娘。

● 舞春牛表演中春牛与长工的装扮

三、舞春牛主要情节

1. 唱开场赞歌贺新春。由卖花姑娘唱立春开耕的引子，事头婆命令长工下田开耕。两名长工赶牛、托犁、扛锄出场，向当地村民唱山歌祝贺新年。也有的舞春牛表演是演员一起出场向观众祝贺新春万事如意、身体健康、事业兴旺等来拉开序幕。演员们唱一段，春牛舞者舞一段，歌舞间隔着表演。

● 舞春牛代表性传承人郭玉芳正在表演舞春牛（2009 年 3 月）

2. 唱贺牛歌。长工唱贺牛歌，赞美黄牛一年来的辛勤劳作，一边唱一边依次摸牛头、牛角、牛身、牛尾或拍牛肩。

3. 唱贺犁歌。长工一边唱赞犁歌一边舞动犁。

4. 轮唱季节歌或情歌。长工一边演唱一边做牵牛、加轭、犁田等动作，四个卖花姑娘担着花篮，两手不停扭动花篮，与长工轮唱农事季节歌或情歌。

5. 对唱农事歌。事头婆送饭到田里，与长工对唱农事歌。

6. 唱洗牛歌。长工收工、洗犁，唱洗牛歌。

7. 请短工。长工收工回家，向事头婆请求来年多请一个帮工。

四、舞春牛的主要乐器与音乐

乐器：锣、鼓、笛子。锣鼓用于舞春牛时，笛子多用于演唱山歌时。

音乐：以客家山歌为主，兼用采茶调、黄梅调等民间音乐。

代表性传承人

王木森　男，1947年生，增城区派潭镇樟洞坑村人。1968年开始跟随师傅邱永金学习舞春牛，1993年起担任该村春牛队队长，2004年他召集各村有艺术表演能力的青年，重新组织一支客家“山歌春牛队”。王木森努力钻研，大胆改革，不仅改编舞春牛的剧本内容，将长工耕田放牧的传统情节改为改革开放后回乡知识青年男女承包集体土地创业致富并产生爱情的故事，而且更换了舞春牛的道具，令人耳目一新。为了更好地宣传舞春牛，2007年以来，王木森的山歌春牛队在派潭各村及白水寨景区表演，近年来又到广州烈士陵园、萝岗街文化广场、增城广场等地表演，大大扩大了舞春牛的影响。

● 舞春牛代表性传承人王木森正在表演舞春牛

郭玉芳　男，1952年生。1975—1983年曾组织过舞春牛队，2000年再次牵头成立舞春牛队（2008年成为增城市客家研究会的舞春牛队）并任队长至今。擅长制作春牛道具，掌握一年四季24个节气和每个节气的农作知识，可运用舞蹈和说唱的形式表达每个节气的农作内容，善于演唱客家山歌中的春牛调、黄牛调。2008年以来在舞春牛队传授春牛舞唱法、曲调和舞步，每周三、周五两晚在增城广场演出“舞春牛”。

● 舞春牛代表性传承人郭玉芳带领春牛队队员在曾江河畔演出（2003年10月）

项目点评

舞春牛从北方到南方、从增城到萝岗的历史变迁，记录了增城、萝岗两地客家人迁徙的历史轨迹，具有重要的历史研究价值。

舞春牛是增城、萝岗两地客家村落古代立春节气鞭春牛习俗的留存，体现了重视农耕的文化传统，寄寓了催耕催种、祈求丰收、追求爱情的美好愿望，反映了古朴的客家民俗风情，具有丰富的民俗文化内涵。

舞春牛是增城、萝岗两地客家原生态文化的一朵奇葩，也是广东客家文化的代表，既有客家山歌，又有春牛舞蹈，并将二者融为一体，内容古朴，形式传统，载歌载舞，独具特色，具有较高的艺术价值。

当然，随着生产、生活方式的变化，立春舞春牛的文化内涵也在发生变化。如何把舞春牛所蕴含的历史、民俗、艺术内涵融入当代生产、生活之中，让舞春牛在现代社会中继续发挥作用，是舞春牛传承与发展要重点解决的问题。

III–8　从化猫头狮

项目名称　从化猫头狮

入选名录　第三批广州市级名录

流传地域　从化区

历史渊源

中国原无狮子。西汉时张骞受汉武帝派遣，两次出使西域，开辟了丝绸之路，使中国与西域国家有了政治和贸易往来，西域国家向中国进贡狮子，中国才有了狮子，并逐渐产生了舞狮习俗。

据北魏杨衒之《洛阳伽蓝记·城内》记载，当时人们不仅将狮子作为护法驱邪的祥瑞，而且还为佛开路引行。魏晋南北朝时期佛寺大兴，庙会频繁，舞狮从朝廷向寺庙发展。

唐宋时期，随着经济、文化的高度发展，中国对外交流日益频繁，舞狮活动更加普遍。《新唐书·礼乐志》和白居易《西凉伎》都有舞狮的记载。狮子形象已从汉代凶猛狰狞的奇珍异兽演化为祥瑞之兽，舞狮活动也从宫廷、寺庙走向街头。

明清以后，舞狮之俗更加盛行，而以两广、两湖地区尤甚。

在梅州市、清远市清新区、深圳市宝安区、广州市从化区与增城区等地的客家村落，流行猫头狮舞。

从化猫头狮舞的起源，主要有两种说法。一种说法认为是由客家人从中原迁到岭南时带来的。据清雍正八年（1730年）《从化县志》记载，至迟在清朝初年，从化就已经有了猫头狮舞。从化的客家人从韶关、南雄、新丰、清远等地迁徙而来，这些地方的

● 客家猫头狮在从化市城郊街北星村参加庆典活动（2008年）

文献中都有关于民间舞狮习俗的记载。另一种说法认为与佛教故事有关。相传古代有一对狮子横行霸道，涂炭百姓，无恶不作。佛祖为普度苍生，便指派卷帘大将（即后来的沙僧）下凡降伏恶狮。卷帘大将不辱使命降伏狮子并渡其皈依佛门，途经东海时遇到风浪，雄狮勇敢下海探路不幸被淹死，母狮涉水未深幸被沙僧救起。多年后，唐僧西天取经，途中遭遇毒瘴，听闻此狮能避险驱邪，遂率弟子前往，使尽各种招数，引母狮出来消灾辟邪。后来便渐渐有了舞狮驱邪的习俗。直到今天，从化猫头狮舞或是只有一只雌狮，或是一只母狮和一只幼狮，并无雄狮。

为北星成人学校开班助兴表演的猫头狮队伍（2009 年 12 月）

新中国成立初期，从化每年正月初二都要舞猫头狮。后由于历史原因，猫头狮舞一度中断。改革开放后，猫头狮舞得以恢复。近年来，北星村委大力传承发展猫头狮舞。2010 年，从化猫头狮被列入广州市第三批非物质文化遗产代表性项目名录。

基本内容

从化猫头狮舞是一种独特的古代狮舞遗存，因狮头形状似猫得名，流传于从化客家人群中，是与广府地区所盛行的狮舞并存的一种民间舞蹈，主要在宗族礼仪、神庙祭祀及春节拜年、庆生贺寿时表演，具有驱邪纳祥的功能。

一、角色与造型

从化猫头狮舞主要有三个角色，即狮子、佛头和猴头。狮子只有雌狮而无雄狮，由狮头和狮身组成，由两个人分别扮演。狮头的造型较一般本地狮个头小，没有角，头顶插着两束青葱的麦草。狮头头顶至鼻端缠着两条红布，额头中间镶嵌一个小圆镜，在阳光下光芒四射，又如古代武将的护心镜。狮子双目突出如金鱼眼，既不同于北狮的“八”字形，也不同于其他南狮的倒“八”字形。扁圆形的大口与鼓凸的双眼构成猫头狮独有的特征：温顺厚道、威而不怒、幽默风趣、憨态可掬。狮身为一条长约 2 米的布被，有的点缀黄色布条，有的以红色为主色调，杂以黑色布条，形成红黑相间的波浪条纹，造型独特，散发出客

从化猫头狮舞中的猴头、狮子、佛头（从左至右）

家人独有的民俗韵味。佛头通常由功夫好经验足的长者头戴佛头面具扮演。猴头通常由活泼好动的年轻人头戴猴头面具扮演，表演过程中常模仿猴子的动作。佛头和猴头都身穿红衣，一派喜庆。

二、演出人数

从化猫头狮队伍一般由 24 人组成，他们往往是多面手，既能舞狮，又懂音乐，还能表演武术。狮舞表演通常 4 人一组，一人舞狮头，一人舞狮尾，一人扮演佛头，一人扮演猴头。另有人员负责敲击乐器和表演武术。

三、伴奏音乐

从化猫头狮舞的舞步及击鼓的节拍、方式和音质与常见的北方狮和本地其他南方狮舞大不相同。乐器通常包括大鼓、小鼓（鼓仔）、铜钹、大铜锣和小铜锣，奏乐有固定的调式，一般节奏为“咚咚喳咚咚咚叮，叮叮咚咚咚喳……”，铿锵有力，撼人心魄，具有强烈的感染力。

四、表演套路

从化猫头狮的全套表演需两个多小时，舞狮者一人举狮头，一人操狮尾，伴着锣鼓声出场，先唱两句歌词“太阳一出红彤彤，我唔係大狮公”（意为早上太阳一出来便红光万道，但我不是大公狮），祈求一年平安和顺、五谷丰登、六畜平安，然后按以下套路依次表演。

1. 拜四门。朝四周观众行拜礼，兼拜四方神灵和祖宗。
2. 解洁。睡狮起身、洗面、挠耳、撩牙等，动作滑稽，憨态可掬。
3. 采红。佛头手摇香包和绿树枝，脚踩碎步逗引狮子起舞。狮子围绕香包转圈，双眼眨

从化城郊街北星猫头狮队队员合影

动；猴头先是搔首弄眉，东摸西抓，然后趁佛头不注意，突然将香包夺去，钻入狮被内，俨然孙大圣隐身。佛头到处寻不到猴头，掐指算出其躲入狮被内，终于捉出猴头。佛头与猴头争夺香包，相持不下。狮子乘其不备，一口把香包吞入肚中。佛与猴互相指责，拉扯不休。狮子扬扬得意，翩翩起舞。佛头与猴头齐心协力将狮子灌饱后逼其吐出香包。

4．拜四周。打躬作揖，再拜四周，答谢观众。

舞猫头狮套路分明，幽默生动，充满浓郁的生活气息。

代表性传承人

温金能　男，1956年生。1970年师承温乃扬，开始学习猫头狮。温金能继承了前辈的一些传统套路，同时进行创新，形成了4个较完整的套路：拜四门、解洁、采红和拜四周。1986年温金能开始授徒，至今已经有20位徒弟。温金能现为城郊街北星村猫头狮活动的领头人，组织猫头狮队进行排练、演出和参加各种比赛，2002年获得从化市猫头狮比赛金奖。

从化猫头狮代表性传承人温金能

从化猫头狮代表性传承人李水木

李水木　男，1960年生。1972年起跟随父亲学习猫头狮，现为从化鳌头镇新围村猫头狮领头人，负责组织猫头狮队进行排练、演出和参加各种比赛。在其带领下，舞猫头狮已成为当地独特的新春喜庆活动节目，深受群众欢迎。他在继承传统套路的同时，大胆创新，形成了4个完整套路：拜四门、解洁、采红和拜四周。他重视猫头狮传承，已授徒数十人，并在从化猫头狮培训班担任授课老师。

项目点评

从化猫头狮舞流传于从化客家人群中，它的击鼓节拍、方式和音质、舞步、舞法与常见的北方狮舞、南方醒狮大不相同。舞狮人罩着间杂红黑两色的碎花红底棉布狮被进行表演，散发出独特的客家民俗韵味。猫头狮是古代中原文化的遗存和见证，具有独特的文化价值。

从化猫头狮的狮头和狮被制作精良，艺术精湛，造型精美，惟妙惟肖，栩栩如生，极具艺术观赏性。

从化猫头狮是从化客家村落特有的舞蹈，与客家民俗传统有内在关系。随着经济社会的快速发展，人们的生活和审美观念发生了很大变化，从化猫头狮面临着传承人断层、演出市场萎缩的问题，亟待创新发展，以增强自身的吸引力和生命力。

传统戏剧

IV–2　岭南木偶戏表演艺术

项目名称　岭南木偶戏表演艺术

入选名录　第三批国家级名录、第三批广东省级名录、第二批广州市级名录

流传地域　广州市

历史渊源

木偶戏，又称傀儡戏，是由木偶代替演员扮演角色、表演故事的一种戏剧样式。

木偶戏源于汉，兴于唐，元朝时随浙、闽木偶艺人南迁，传入粤西地区，经数百年与本地文化不断融合，最终发展出一个独具特色的支派——岭南木偶戏。

清末民初，木偶戏主要在广州城隍庙（今中山四路忠佑大街内）、西关黄沙等地演出，是神诞庙会、节庆活动的重要内容。演出戏班以粤西布袋戏单人班，中山、清远等地杖头班，顺德提线木偶大棚班为主，也有湖南祁阳布袋木偶、潮汕铁枝木偶和广州本地的单人木偶班等，演出剧目以《辕门射戟》《夜送寒衣》《打虎》《月下追信》为主，还有短小滑稽的节目。

广州人林堃 1932 年跟湖南祁阳木偶戏老艺人学艺，随后到各地演出，推动了岭南木偶戏表演艺术的发展。1937 年，他参加"奔风剧社"，演出了《放下你的鞭子》《流寇队长》《怒吼吧中国》等抗战木偶剧。1945 年，他率中国旅行傀儡剧团演出了《希特勒》《丑表功》等反内战木偶剧，并在广州各小学巡回演出了《森林的悲喜剧》《吃草的狼》等自编儿童木偶戏。

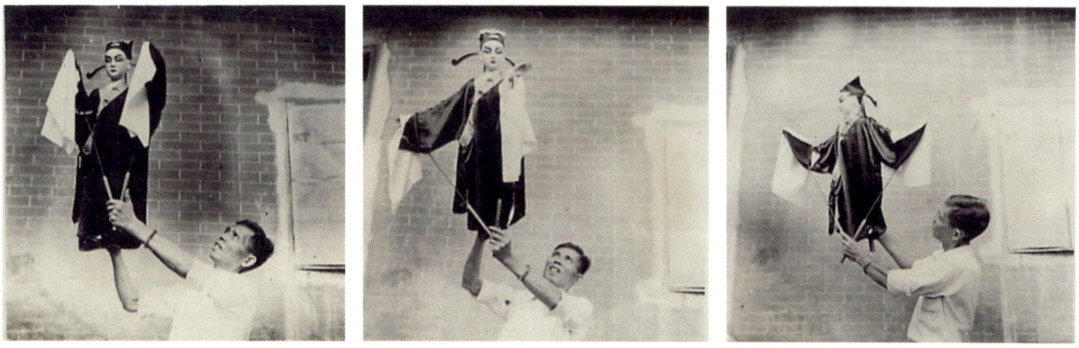

1957 年郑寿山表演《芙蓉仙子》

《孙悟空三调芭蕉扇》获 1959 年全国木偶皮影戏汇演优秀剧目奖

1948 年，他率木偶剧团到闽、粤、赣三地边区演出，并创编了《解放兴宁》《炸碉堡》等小布袋木偶剧。

1956 年 4 月，广东省木偶艺术剧团（1968 年更名为广东省木偶剧团，2009 年更名为广东省木偶艺术剧院有限公司）正式成立。该团是以粤西木偶戏为基础，以郑寿山、叶文芳、李新等老艺人为骨干组建的，林堃是首任团长，先后组建了杖头木偶、布袋木偶和提线木偶等三个演出队，剧团此后进入专业化发展的黄金时期。1957 年，《芙蓉仙子》被香港长城影业公司拍成彩色舞台艺术片。1960 年，《孙悟空三调芭蕉扇》获第二届国际木偶和傀儡戏联欢节演出的银奖。

1983 年，文化部推广广东幼儿木偶演出的经验。1984 年，曹婉娴、林堃改编的《木偶奇遇记》，首次采用人偶同台演出，拓展了广东木偶的艺术空间。

从 20 世纪 80 年代后期开始，剧场演出有所衰落，多数演出是以小分队的形式在学校、游乐园和省内乡镇进行。20 世纪 90 年代后期至今，剧团通过不断推出新剧、参加展演，获得了新的发展生机。

基本内容

岭南木偶戏表演艺术是融合木偶制作、操纵、舞美、说唱等技艺为一体的岭南传统艺术，是我国木偶戏体系中重要的流派。

一、木偶制作

木偶制作是岭南木偶戏表演艺术的重要内容。粤西老艺人叶文芳对广东木偶制作的发展发挥了重要作用：其一，他继承家传木偶制作技艺，创造性地把眼睛开合木偶发展为双眼皮木偶，使其眼睛不仅能开合，还能左右转动，顾盼传神。其二，他注重木偶的地方和行当特征，

● 木偶制作

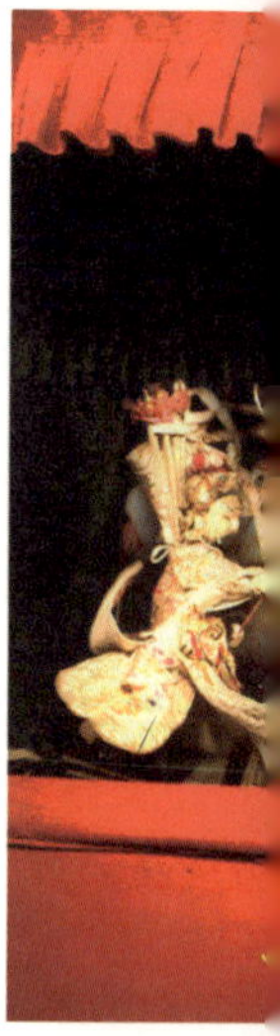

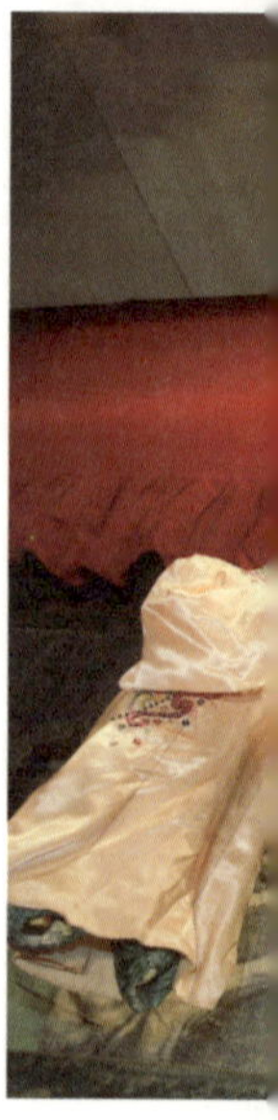

使其栩栩如生而不落俗套。其三，他将传统的“贴色”生角木偶制作方法由头、颈、身相连改革为头、身分离，并将沿用已久的内竹木偶改为外竹木偶，大大增强了木偶的表演能力。

目前，广东木偶制作从雕刻、道具制作到服装发饰已形成一套完整程序，培养了许多著名木偶制作艺人，创造出不少木偶珍品，如梁志慧为《孙悟空三打白骨精》制作的木偶“白骨精”，可以由黑衣黑甲骷髅头女鬼，瞬间变成白衣白甲头戴翎盔、英姿飒爽的美娇娥，令人拍案叫绝。

二、木偶操纵

木偶操纵是演员通过操作木偶来扮演角色的技艺。广东的木偶戏艺术主要包括杖头木偶戏、布袋木偶戏、提线木偶戏等，它们各有不同的操纵技艺。

（一）杖头木偶操纵

杖头木偶的主竹分“直竹”和“枪把”两大类。操纵主竹笔直的木偶称为“直竹木偶”，操纵主竹握手处形状如枪把的木偶谓之“枪把木偶”。艺人在操纵木偶时，多用右手握杆，用虎口、手掌、中指、无名指、尾指和臂力来控制木偶，通过抓、转、点、摇、抖、拨、推等动作，将阴力倾注在俗称“鹅头”的手腕处，控制木偶的头、眼、嘴、耳和身体及机关。左手负责控制木偶两手的操纵杆，行内称之为手签。手签也分“内签”和“外签”，内签与外签的使用要视该木

杖头木偶

布袋木偶

提线木偶

偶在戏中表演的要求而定，主要是用食指和中指去控制。基本的操纵使用捏、放、推、拉、换、挑、压的技巧去完成木偶两手动作及拿放兵器道具的表演。

杖头木偶的操纵，要符合角色行当特点。操纵艺人的动作、身段要与木偶角色保持一致，表演坐立、踱步、关目等小动作才能细致入微、形神具备。郑寿山是广东杖头木偶的著名操纵演员，在继承家传绝技的基础上不断创新。他操纵的《三上吊》堪称一门绝技：用一条绳控制一个悬空的木偶。他用手攥着绳子的一端或提或拉或抖动，触发绳子上预置的活结，使木偶凌空做出“观音坐莲”“鲤鱼反水”“金鸡独立”“美人照镜”“海底捞月”等十多个连贯的动作，形成了蓄而觉细腻、刚而威其锋、柔而迷其韵的表演风格，由此也获得“木偶状元”的美誉。此外，张广友、邹土福、郑华通、李孟春、罗承轰、李强、李域超、黄福州、崔克勤、吕敬贤、黄周华、欧飞云、刘明娟都是出色的木偶操纵演员，崔克勤在1998年捷克第二届国际木偶艺术节中获得最佳男演员奖。

（二）布袋木偶操纵

布袋木偶又名“指头戏”“掌中戏”。演员操纵时将手伸进木偶套中，以掌为躯干，食指管头，拇指、中指分管两只手。布袋木偶体小轻盈，易于上手而难于精通。

广东布袋木偶操纵艺人受漳州艺人杨胜、陈南田影响，一方面吸收了漳州传统布袋戏《大名府》《雷万春打虎》的表演，另一方面编演了《追车》《雷锋的童年》《金斧头》《灰狼的末日》《小阳阳》《自相矛盾》等儿童剧，还创排了“匣子木偶戏”如《阿左阿右》和“活遮幔木偶戏”如《红薯变黑薯》等，丰富了布袋木偶的演出形式。

（三）提线木偶操纵

提线木偶是将木偶身上的牵线集中到一块勾板上，由演员攥着勾板的尾部操纵，动作越复杂，布线就越多。

广东提线木偶一般有16根线，操纵时一般用勾、挑、提、拉等动作，双手并用。有别于福建的攥勾板操纵法，广东提线木偶操纵法一般是攥勾板的中间，所以在表演传统戏剧台步时，广东木偶步履更加铿锵有力。

提线木偶操纵艺人大多来自粤东地区。古松先是其中较为优秀的操纵艺人，他操纵的木偶身板硬朗，动作伶俐。在《水漫金山》一剧中，他操纵的“小沙弥”的耸肩、翘腿、跌坐、搔头、抓痒等动作，夸张有趣，逗人喜爱，充分展现了提线木偶艺术的魅力。

三、音乐唱腔

传统岭南木偶戏的音乐唱腔主要由山歌、粤剧曲牌、粤曲小调、汉剧等曲调演变而成，多采用七字句或十字句的韵文组合。广东省木偶剧团成立后，杖头戏主采粤剧音乐唱腔，提线戏主采汉剧音乐唱腔，布袋戏则多采自创和改编的现代音乐歌曲，如童谣、民歌等。

传统木偶表演多采用自演自唱形式。广东杖头木偶戏演出则多采用唱、演分离的形式，操纵演员专职操纵，另有演员专职配唱。广东杖头木偶戏演唱嗓音洪亮、吐字清楚，具有极强的艺术感染力。

传统神话木偶剧《张羽煮海》

《长绸舞》演出剧照

四、舞台美术

岭南木偶戏舞台美术在广东省木偶剧团成立后才开始受到重视。著名漫画家廖冰兄对广东木偶舞台美术做了很大改进，尤其是在天幕幻灯技术方面。他所绘制的幻灯片，笔触精细，比例准确，被认为是典范佳作，重绘者无出其右。此外，20 世纪 70 年代，陈英业、梁乐开等对舞台灯具进行改造，制作了许多木偶戏特效灯具，大大提高了木偶戏表演的舞台效果。

五、剧目

传统的岭南木偶戏主要表演一些口耳相传的剧目，多出自传统小说、民间传说和民间说唱。广东省木偶剧团成立以后，自编自创了近千部木偶戏剧本，除了被公认为“三件宝”的《芙蓉仙子》《孙悟空三调芭蕉扇》《张羽煮海》外，《孙悟空三打白骨精》《哪吒闹海》《长绸舞》《亡羊补牢》《阿左阿右》《五羊传奇》《丑小鸭》等都是较为优秀的作品。

《哪吒闹海》获 1981 年全国木偶皮影戏汇演优秀剧目演出奖

木偶戏《五羊传奇》

代表性传承人

叶寿春 男，1934年生。1957年进入广东省木偶剧团工作，主任舞台技师，是叶氏木偶雕刻世家第三代传人。叶寿春继承了家族雕刻技艺和传统风格，设计和雕刻的木偶极富装饰意趣，线条优美，善于表现戏剧人物的性格。他改进了传统木偶眼小的缺陷，突出了木偶的双眼，增强了木偶的艺术魅力。此外，他还将提线木偶的“死手死脚”改成活动的，把《孙悟空三打白骨精》中猪八戒的嘴巴做成可活动的，突显了猪八戒角色的憨态。

岭南木偶戏表演艺术代表性传承人叶寿春

岭南木偶戏表演艺术代表性传承人崔克勤

崔克勤 男，1956年生。1975年进入广州市文化艺术中等专业学校学习木偶表演，后进入广东省木偶剧团，师从著名木偶表演艺术家李新学习木偶表演技艺。崔克勤擅长杖头木偶表演，专攻花旦，兼顾其他行当，能文善武，成功塑造了众多的艺术形象。此外，他导演了各种形式和风格的木偶剧（节）目，多次到港、澳、台地区及其他国家讲学和演出，为宣传木偶艺术做出贡献。代表作有《长绸舞》《孙悟空三打白骨精》《五羊传奇》等。

● 岭南木偶戏表演艺术代表性传承人李强表演帽翅功

李强 男，1947年生。李氏木偶戏第五代传承人。李强九岁便开始跟随祖父李春田学艺，擅长表演木偶戏的丑生和须生。他继承了李氏木偶戏的风格特点，武打技巧娴熟、功架扎实有力、攻势迅猛、节奏准确。他能很好地运用操纵木偶的手腕功和鹅头功，木偶头部和手表演细腻、生动逼真、性格突出。他继承了传统的内竹表演，还吸取外竹表演的灵活性特点。代表作有《孙悟空三打白骨精》《五羊传奇》等。

吕敬贤 男，1969年生。1990年从广西艺术学校木偶表演专业毕业后，一直在广东省木偶艺术剧院工作，先后师从著名木偶表演艺术家李新和崔克勤。擅长杖头木偶表演，能文善武，博采各家之长，能从事各种形式的木偶剧和人偶剧的表演。在小生表演上，他融合了郑氏表演技法的特色。成功塑造了《真假孙悟空》中的“孙悟空”、《游园惊梦》中的“杜丽娘”等木偶艺术形象，在“金狮奖”全国木偶皮影戏比赛、国际木偶艺术节等大赛中获奖。

● 岭南木偶戏表演艺术代表性传承人吕敬贤表演《游园惊梦》

项目点评

岭南木偶戏是元代传入广东的，是在浙、闽木偶戏的基础上发展起来的，是具有岭南特色的木偶戏流派，主要包括杖头木偶、布袋木偶和提线木偶等三种形式。以成立于1956年的广东省木偶剧团木偶戏为代表，岭南木偶戏在木偶制作、操纵、音乐唱腔、舞美上都有自己的特色和风格。在制作上，木偶行当鲜明，雕工细腻，眼睛能开能合，左右转动，顾盼传神，人物栩栩如生。在操纵上，人偶协调，细致入微，武打功架老练，拳打刀劈技巧娴熟，迅猛逼真，节奏紧凑，刚劲有力。在音乐唱腔上，它融合了地方音乐，形态多样，注重分工，唱腔饱满。在舞美上，设计精细，创新灵活。

岭南木偶戏历史悠久，特色鲜明，与民俗活动、儿童教育联系密切，具有丰富的艺术价值、民俗价值、教育价值，是岭南文化遗产的重要代表。

随着现代社会娱乐方式的多样化发展，岭南木偶戏表演艺术的发展也遇到了一定的问题。坚持岭南木偶戏自身的特点，走差异化发展道路，把木偶戏融入中小学课外教育和现代时尚娱乐之中，是岭南木偶戏表演艺术发展的主要方向。

传统体育、游艺与杂技

VI-1　米机王咏春拳

项目名称　米机王咏春拳

入选名录　第四批广州市级名录

流传地域　天河区

历史渊源

咏春拳，亦写为“詠春拳”“永春拳”“泳春拳”。“咏”是“詠”的简体字。它是一个动作幅度小，强调近距离攻防、快速善变、连消带打的中国南方著名拳种。

咏春拳的起源，大致有五种说法：一说是清中叶福建少林俗家弟子严二之女严咏春受蛇鹤相争启发而创编的。二说是清初福建少林派弟子五枚师太在川滇边界的大凉山受蛇鹤相争启发而创，直接传于严咏春。三说是五枚师太创咏春拳后，经少林弟子苗顺及俗家弟子严二，再传严咏春，严咏春又传给丈夫梁博俦；梁为了纪念爱妻，遂将此拳取名为“咏春拳”。四说是咏春拳前身应为泳春拳，是清代反清组织天地会开展斗争的一种武术，为清代乾隆末年晚年隐居在湖南衡山的老僧一尘庵主所创，传给湖南昆剧戏班的武生张五（人称“摊手五”），经张五传于粤剧界诸弟子，后因咸丰年间李文茂起义，粤剧界诸弟子为避祸而将咏春拳的“咏”字改为“永”“泳”。五说是因福建泉州少林寺永春殿而得名，乃当年进殿者所习的南派内拳法，全称是少林永春，总教习是少林弟子至善禅师，后因避难到佛山，将永春拳传至佛山等地。

1968 年米机王黄沪芳与其弟子在白云山

现在，咏春拳起源与发展的公认说法为：起于严咏春，衍于梁赞，传于陈华顺，盛于广州、佛山两地。近代咏春拳源于佛山，发展至现代，已形成佛山、广州、香港三足鼎立的局面。

米机王咏春拳是咏春拳中的支派，该派认同咏春拳起源的第三种说法，即五枚师太始创，经苗顺、严二传严咏春，严咏春再传给丈夫梁博俦，后由梁博俦传给黄华宝、梁二娣、陆锦（大花面锦）等。其中黄华宝、梁二娣传梁赞，梁赞传陈华顺、李应（李仰翘），陈华顺传叶问等人；陆锦传冯少青，冯少青传阮奇山，阮奇山传黄祯（黄祯亦曾师从李应）、岑能，黄祯、岑能传予黄沪芳（米机王）。

米机王黄沪芳

黄沪芳（1929—1998年），外号“米机王”。“米机王”这一叫法，源于黄沪芳曾在粮食加工厂工作过，过去广州人将粮食加工厂称“米机”，故称黄沪芳“米机黄”。因“黄”与“王”在广州方言中同音，便成了“米机王”。黄沪芳先拜黄祯、岑能等为师，学习咏春拳，后以佛山咏春拳为基础，融合南北拳术精华，自成一派。20世纪60年代初米机王咏春拳开始闻名于广州。1998年，黄沪芳长子黄念怡在广州创立了米机王咏春馆，培养了大批米机王咏春拳弟子。

2013年5月，米机王咏春拳被列入广州市第四批非物质文化遗产代表性项目名录。

黄念怡在泰山摊打（2007年）

基本内容

咏春拳是概念武术，并非招式武术。它由小念头、沉桥、标指组成，由此衍生出一系列的打斗方式。而米机王咏春拳在小念头、沉桥、标指的基础上派衍出了十二路散手、空桩四面打、藤圈手、黐手、自由搏击，以及传统的器械六点半棍法、二字钳阳夺命刀和肾气归元功等内容。

1. 小念头。练习的是咏春拳以巧胜力的道理。小念头蕴含着咏春拳术劲短意长的技击意念，它同时也是修炼内功，应用内力将全身的力量运化为一点，即如“劲满全身、力达指梢”的手段，将人体有限的力量转化为无限能量的过程。除练习规范动作外，还通过意念活动达到养气修身的效果，增强招式的协调性。更重要的是练习接手，培养对敌的距离感。

2. 沉桥。又称“寻桥”。是利用桥手的接触，通过进步发出长劲将人打出丈外的理念。是使内力运化，劲长意长，令对手如被巨蟒缠身而无法逃脱，或令对手搭手即飞的手段。它与太极拳有异曲同工之妙，是练习以柔制刚的宽弹内功。沉桥利用手桥进步发出长劲，沉即重的意思，重就是长，这里的长不单指距离长短，亦指时间。桥重即可留住对方的劲，达到控制对方的目的。

3. 标指。练的是短劲，短距离、瞬间爆发力。如果说沉桥的长劲能打飞人，那么，标指所练的就是能打断对方手脚和骨骼的穿透性短劲。标指体现了咏春拳的霸气，是实现快、准、狠的训练功法。

4. 十二路散手。十二路散手是米机王咏春拳系的基本要素之一，包括子午偏身连环捶、箭捶、独龙捶、外帘、内帘、三品掌、偷弹、扑翼掌、白鹤寻湖、双拉起膝、摊膀下截脚、虎尾脚，是初习者容易掌握的防身术，是街头搏击的经验总结。

5. 黐手。黐手锻炼的是两手（及两脚）的触觉反应和随机应变的能力，以及预知对手下一步动作的能力，是咏春拳以“近战”的辩证理论和以“无招胜有招”为核心的快速打人取胜的入门训练，也是向散打（搏击）过渡的重要训练。

6. 六点半棍法。六点半棍法是单头棍法，使用的长棍一头粗一头细，棍长七尺二寸（约 2.4 米）。棍法招式有消沉、独龙枪、两仪、滴水、拦棍、枕棍等，招式虽简但变化万千，以己之长击敌之短。

7. 二字钳阳夺命刀。双刀犹如双臂的延伸。所谓“一寸长一寸强，一寸短一寸险”，全长只有 50 厘米的双刀施展开来异常凶猛，刀刀夺命。

此外，米机王咏春拳还有木人桩、藤圈手等辅助练习。

黄念怡练习木人桩

代表性传承人

黄念怡 1963年生，黄沪芳长子。自小跟随父亲练习咏春拳，技艺精湛，曾获2000年穗、港、禅精武“玫瑰园杯”咏春拳黐手邀请赛男子青年组60公斤级第一名，中国武术段位六段。曾担任《中国武术段位制系列教程》咏春拳册编委、广东省精武会咏春拳总代表、广州市武术协会委员等。1998年，在同门师叔伯以及门下弟子的支持鼓励下，黄念怡在广州创办了米机王咏春馆。为适应现代社会发展的需要，他将咏春拳术旧的教学方法与父亲所传咏春拳术重新整合进行教学。在他的带领下，米机王咏春拳馆取得辉煌的成绩，在广东省内和欧洲开设了多家分馆，为咏春拳的传播和发展做出了重要贡献。

• 黄念怡（左二）在捷克分馆授课（2005年）

• 2008年黄念怡参加广州市武术协会五十周年庆典活动

项目点评

咏春拳是中国南方的著名拳种，已有200多年的历史。它蕴含了丰富的哲学思想和深厚的历史文化内涵，动作简单实用、短巧精准，劲力柔化至刚、灵变厚实。

近代咏春拳源于佛山，发展至现代，已形成多个流派。米机王咏春拳传承谱系清晰，特色鲜明，它打破了传统传承方式，将传统咏春传承进行规范化、科学化发展，为传统武术在现代社会中的发展创新提供了有益启示。

VI–2　莫家拳

项目名称　莫家拳

入选名录　第四批广州市级名录

流传地域　天河区

历史渊源

莫家拳是广东南拳五大名拳（洪、刘、蔡、李、莫）之一，源远流长。

莫家拳起源于清乾隆年间，传说为福建少林寺慧真禅师所传，先传海丰县的莫蔗蛟，再传东莞莫达士（树）、莫四季、莫定如、莫清骄等。现根据莫家拳谱、莫氏族谱等文献记载，大致可以确定莫达士在莫家拳形成过程中发挥了重要作用。莫达士是莫氏二十六世火岗莫氏第十五世孙，生活在雍正、乾隆时期，是乡举、保境义士。莫达士曾学艺于福建少林寺，学成后返回火岗村，把学来的功夫与祖传的阴阳学相结合，在火岗村开宗立派，形成了莫家拳。随后，经过第二代传人陈堂公、莫龙富、徐皮铁、徐大眼等，传给邓皮尽、邓水东、莫黎胜、莫林、莫亮、莫容（英龙）等第三代传人。

近代，随着外国列强对我国侵略的加剧，以广州三元里人民抗英斗争胜利为标志，广东兴起了练武御敌、以武强军的热潮，先后成立了广东精武体育会（1919 年）、两广国术馆（1929 年）、广州国术社（1929 年）等，使莫家拳在内的各大拳派在广州城乡广泛传播。

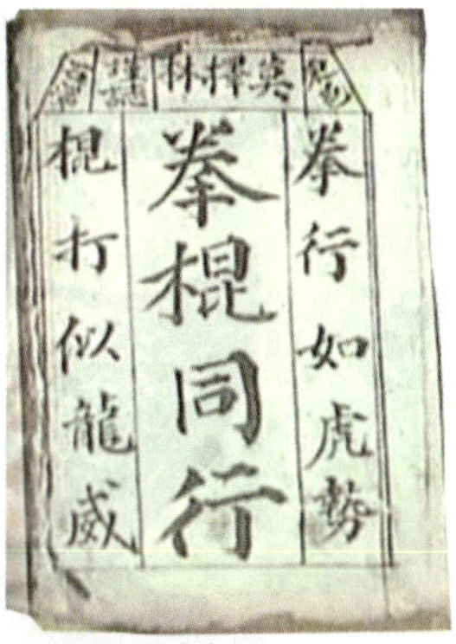

•莫家拳谱《拳棍同行》

•莫家拳古谱

●莫家拳祖师林荫堂

●林荫堂祖师（前）与弟子徐耀祥（左一）、张济川（左二）、陆青山（左三）

莫家拳传入广州，与第四代传人林荫堂（1876—1966 年）的贡献密不可分。林荫堂是第一个将莫家拳带到广州的拳师。1927 年，林荫堂来到广州，在珠江南岸白鹤洲（后迁仓边路等地）开设医馆行医，同时，他从惠阳县火岗村请来莫英龙拳师，在家设立莫家拳馆，收徒习武。1936 年，林荫堂在广州德政路创办了“国术健身学院”，后又创办林荫堂体育会，促进莫家拳的传播。后来，林荫堂结识龙形拳大师林耀桂。在吸收龙形拳的基础上，林荫堂对莫家拳进行了一番改进，他把龙形拳紧密、动作短小精干的手法与莫家拳犀利的腿法相结合，形成了独具风格的“龙桥莫腿”。

●莫家拳传人林仲伟与龙形拳传人张国泰（左一）合影

莫家拳的系统化发展，得益于林荫堂的儿子林仲伟。林仲伟是莫家拳第五代传人，自小随父学武。他以莫家拳为主，兼学他师，博采众长，使莫家拳体系日益完善，在粤港澳及海外产生了广泛的影响。20 世纪 60 年代，林仲伟在华南师范大学任教，把莫家拳带入大学体育教学中。1994 年 9 月，林仲伟把莫家拳法系统地整理成书，命名《莫拳》，由广东人民出版社正式出版。

2013 年 5 月，莫家拳被列入广州市第四批非物质文化遗产代表性项目名录。

●《莫拳封面》

基本内容

一、莫家拳基本技术

莫家拳经过近200年的发展，已经形成一套涵盖拳术、器械、对练、桩法、基本功等的完整技术体系。具体而言，莫家拳的拳术有39套，器械有26套，对练有4套，桩法有5套等。此外，还有很多基本功训练技术，如单支竹、小沙包、石锁、沙带、大沙包、木人桩等。现根据《广东拳械录》列举如下：

拳术：

1. 黑虎拳	2. 谷穴拳	3. 四门拳	4. 箭拳
5. 力重拳	6. 再战拳	7. 爪巴拳	8. 伏马拳
9. 直门拳	10. 伏虎拳	11. 光扣拳	12. 三战拳
13. 上山拳	14. 下山拳	15. 正路拳	16. 十字拳
17. 低当拳	18. 缠雷拳	19. 落化拳	20. 落抱拳
21. 同箭拳	22. 高射拳	23. 落肚拳	24. 望月拳
25. 等快拳	26. 禽虎拳	27. 人字张拳	28. 白虎拳
29. 少林拳	30. 千字拳	31. 六形十二式	32. 横马六路
33. 井字拳	34. 太和拳	35. 铁拳	36. 回龙拳
37. 五虎拳	38. 六合拳	39. 劈虎拳	

器械：

1. 打单枝	2. 人字桩	3. 棍桩	4. 藤遮
5. 单刀	6. 双刀	7. 莫家大耙	8. 五指叉
9. 落地棍	10. 中盆棍	11. 摩心棍	12. 双头棍
13. 鼠尾棍	14. 长龙棍	15. 五尖棍	16. 二郎棍
17. 三十六点棍	18. 劈门棍	19. 定式剑	20. 回龙枪
21. 胡儿棍	22. 人字桩棍	23. 十二路桩棍	24. 十八门桩棍
25. 棍桩上八门	26. 棍桩下八门		

对练：

1. 初步对棍	2. 甲乙对棍	3. 四人混战	4. 舞麒麟

桩法：

1. 人字桩	2. 品字桩	3. 人象手桩	4. 十二路棍桩
5. 三门桩			

二、莫家拳手法、腿法和器械

莫家拳的手法要点有：立拳（拳眼向上）、平拳（拳眼向内侧，拳背向上）、立掌（指尖向上，掌心向前）、虎爪（五指张开，五指指节微向内屈成虎爪状，掌心向前）等。

莫家拳的腿法素有鬼脚之称，共有14脚，72化式，广作108路。腿法特点为“手长尺七，脚长三尺，放长攻远，凌空飞踢，拳重百两，脚重千斤力”。配合身法进行，分高、中、底三盘运用。腿法有：穿心腿（前蹬腿）、撑鸡脚（侧身腿）、横扫腿、后蹬脚、钩镰腿、后摆腿、扫堂腿、虎尾腿、腾空翻身腿、斜踩腿、剪腿、后弹腿、双侧踹腿等，有“龙桥莫腿”的称号。

莫家拳所练的器械有耙、棍、遮、刀、叉等，据说由戚继光的五色兵器演变而来，其中以莫家棍法为精华。莫家棍法以小巧为用，且多枪棍，主张上乘棍法“擅变”，中乘棍法“逼敌”，下乘棍法“招架”，风格鲜明。《拳棍同行》中的器械目录有：落地棍、长龙棍、中盆棍、摩心棍、鼠尾棍、双头棍、低田耙、直方耙、七星耙、猫洗耙、再打棍、藤遮、掩月刀、梅花刀、五指叉（丫叉枪）、麒麟头等。

三、莫家拳系统化训练

1. 基本功。莫家拳的基本功训练一般从小开始，学员要经过六年系统训练，方能入门。主要用单支竹、小沙包、石锁、沙带、大沙包、木人桩等六种器材进行训练。第一年练习打单支竹，增强手指力和上下肢肌肉与骨骼的抵抗能力，使肌肉结实，骨质增厚，硬度增强等。第二年练习抛沙包，主要锻炼眼明手快，加强指、腕、臂力等。第三年练习抛、举石锁，其目的在于发展全身力量。第四年腰部缠沙带，进行负重练习，以增强腿部力量与弹跳力。第五年打大沙包，目的是使身体获得全面训练，增强手力、腰力、腿力。第六年打莫家木人桩，莫家木人桩有专门的练习拳谱，打木人桩能锻炼四肢。

2. 型传。有了基本功的基础，再进行学习拳法套路的型传。莫家拳的拳法有20多种，每一种都包含技法使用的灵活变化，最少要苦练两年才能掌握。

3. 神传。型传后，反复锻炼和体会才能掌握师傅的神髓，逐渐在武术与举手投足之间与师傅一致，是为神传。神传对弟子要求很高，弟子一般要经过十数年或者更长时间，才能在武术造诣和品德上达到或接近师傅的水平。

4. 宗传。师傅到了需要考虑技艺传承的年纪，挑选最杰出和合适的弟子做继承人，并将门派代代流传的功谱和信物交托于继承人。

●林仲伟演示“龙形摩桥”

项目点评

莫家拳原称“六度阴阳掌”，被誉为“广东五大名拳”之一。它发于防身，立于健身，搏于赛场，习于日常，载于武艺，归于武德。莫家拳具有鲜明的岭南特色和朴实大方的南拳风格，以腿法见称，其所谓“一腿胜三拳，手长尺七，脚长三尺，放长攻远，凌空飞踢，拳重百两，脚重千斤力”，具有拳势勇猛，刚劲有力、攻防结合，步法灵活、腿法较多，长短结合、配合身法的特点。有歌诀曰：“拳行如虎势，脚踢似龙威。身灵步活力，长短劲俱齐。”

莫家拳的独特之处在于：龙桥莫腿，刚柔并重。它融合龙形拳的手法与莫家拳腿法，是南派武术的一个代表。

莫家拳作为南拳的一种，具有鲜明的岭南特色和朴实大方的南拳风格，讲究因人而异的体能和基本功训练，强调品德教育和文武双修，在历史上曾以练武强国、御敌为目的，在今天则以强身健体为宗旨。在文化传承、武术教育、社会管理等方面都有其独特的价值。

传统技艺

VIII–4　广州珐琅制作技艺

项目名称　广州珐琅制作技艺

入选名录　第三批广东省级名录、第二批广州市级名录

流传地域　花都区

●珐琅钟

历史渊源

珐琅是用石英、长石等釉料粉碎研磨后涂施于经过加工的金属制品表面，经干燥、烧制等过程后得到的复合性工艺品。传统的珐琅器根据制作技法分类，主要有掐丝珐琅（俗称景泰蓝）、画珐琅（俗称广州珐琅）、錾胎珐琅、锤胎珐琅、透明珐琅五类。狭义上，广州珐琅一般特指画珐琅。

画珐琅亦称“烧瓷”或“洋瓷”，因其富有绘画趣味，又称“珐琅画”。制作技法起源于 15 世纪中叶欧洲比利时、法国和荷兰三国交界的佛朗德斯地区，随着海禁开放，西洋制品开始大量涌入，西洋珐琅便由广州等港口传入中国并就地设厂研制。当时，广州的珐琅产品多保留有西方文化的韵味。

广州画珐琅双耳四方瓶（1978 年制）

在清朝，除广州外，宫廷也是生产画珐琅的主要场所。康熙年间宫廷生产珐琅的机构主要是珐琅作。康熙末期，宫廷的画珐琅技术已经进入成熟阶段，故宫博物院藏康熙款铜胎画珐琅是国内现存最早的画珐琅。

雍正年间，中国已有自产珐琅彩料，官窑珐琅彩渐入佳境，珐琅生产步入兴盛期。雍正皇帝对新兴的画珐琅情有独钟，刺激了画珐琅的生产。这一时期的画珐琅数量增多，式样不断翻新，图案、釉色都有新的发展和变化。

乾隆时期的画珐琅工艺突飞猛进。乾隆皇帝酷爱珐琅，多次命令宫廷画家参与画珐琅的生产。画珐琅在康熙、雍正两朝的基础上得到全面的发展，在装饰、色彩、造型、数量和质量等方面都有所突破。

清朝宫廷的画珐琅与广州珐琅有着密切的关系。中国第一历史档案馆和故宫博物院所收藏的有关清代金属胎珐琅制作的档案材料显示，清朝宫廷制作珐琅的艺人有不少是广东籍的。例如清康熙五十五年（1716 年）时，两广总督杨琳在奏折中提道："广东人潘淳能烧珐琅物件，奴才业经具则奏明，今又查有能烧法蓝杨士章一名，验其技艺，较之潘淳次等，亦可相帮潘淳制造。"雍正时期，也有广东珐琅艺人到宫廷供职的记载。到乾隆时期，广州已经成

20 世纪 80 年代的珐琅厂

20 世纪 80 年代珐琅厂工人

为画珐琅的最大产地，不仅有专门的画珐琅行业和极具规模的画珐琅作坊，而且还源源不断地向宫廷输送画珐琅的匠人，供给由广州生产或进口的珐琅材料及数量庞大的画珐琅成品。

嘉庆初年，宫廷生产的画珐琅还保持着乾隆时代的遗韵。鸦片战争以后，随着国力衰退，珐琅生产开始日渐衰落。道光以后，宫廷已不再生产画珐琅。

20 世纪初，广州画珐琅工艺开始兴旺，主要集中于今天的大新路一带，行业称“烧青”。当时的广州画珐琅分煮釉料、打铜胎和画花三个行当，以作坊生产为主，有 200 多从业员，产品主要有瓶、壶、盘、碗、盆等，由商行或沙面洋行经营，主要销往国外，很少在国内出售。日本侵华战争爆发后，广州画珐琅作坊倒闭，艺人失业，花县（今花都区）籍珐琅艺人于民国二十六年（1937 年）陆续回乡。

1958 年 9 月，从广州回乡的许锐洪、张煊尤、袁根照，许锐光、许运记等 18 名花县老艺人，在广东省出口公司的帮助下，组建了炭步特种工艺烧青社，扩

珐琅作品

●珐琅制作工具

建厂房，增添设备，恢复珐琅的生产，珐琅产品均用于出口。1963年10月，炭步特种工艺烧青社改名为炭步红星特种工艺烧瓷生产合作社。后来，合作社由花县政府接收，更名为花县珐琅厂，全厂有员工220多人，产品大量进入国际市场。1968年，珐琅厂停产。1971年恢复生产。1978年和1979年，珐琅厂被评为广东省大庆式企业。1979年，工厂从花县炭步迁至新华镇。1979—1981年间，珐琅厂进行技术革新，先后组织杨志峰、黄鉴恒、赖明、黄跻等7人到北京学习景泰蓝掐丝技艺。1983年10月，杨志峰等人学成归来，成功研制出既有掐丝珐琅又有画珐琅特点的新型珐琅——中彩珐琅。

从20世纪90年代开始，社会对广州珐琅的需求急剧减少。2003年，原花县珐琅厂倒闭，许多从事珐琅工作的工人陆续转行以维持生计，广州珐琅一度出现了“人走技绝”现象。如今，广州花都珐琅礼品经营部仍在从事珐琅工艺品的制作。

2009年，广州珐琅制作技艺被列入广州市第二批非物质文化遗产代表性项目名录和广东省第三批非物质文化遗产代表性项目名录。

基本内容

现在仍在生产的广州珐琅包括传统的画珐琅、掐丝珐琅以及在两者基础上创新而成的中彩珐琅。画珐琅淡雅、古朴、细致，釉质温润细腻，可书可画；掐丝珐琅有金属的贵重感，釉料绚丽、金碧辉煌；中彩珐琅既有掐丝珐琅造型精美独特、锦地华丽之特点，又体现出画珐琅的淡雅古朴，兼收并蓄，别具一格。

一、画珐琅

画珐琅是将珐琅釉料直接涂画在金属胎上反复烧制着色而成的工艺品，品种齐全，制作精美，题材包括肖像、人物、风景、静物与历史、神话、宗教等，器形主要有瓶、盒、盘、碗等，造型稳重浑厚。画珐琅制作工艺主要包括制坯、挂瓷、绘彩、烧彩、打磨等 5 个环节。

1. 制坯。将紫铜根据设计图的要求裁剪出不同形状，再把它敲打、焊接成瓶、盘、碗、罐等各种形状的铜胎。

2. 挂瓷。在已制成的紫铜胎上涂施薄薄的一层白色珐琅釉，入炉烧结，使其表面平滑。

3. 绘彩。先用单色的珐琅釉料，按照图案纹饰设计要求，精细绘制花纹图案，然后把产品放置炉中，750℃—800℃烧制，取出冷却后，再清洗表面的氧化物，最后按照设计色样，以各种颜色的珐琅釉料描色，绘饰图案，再进行焙烧。

4. 烧彩。在手绘彩色画面上，涂上透明釉料，进入炉中焙烧显色。

5. 打磨。首先用粗砂轮在金属表面进行粗磨，然后进行修补，第二遍用锉刀进行修整，最后细磨、精磨。

二、掐丝珐琅

掐丝珐琅工艺源于古罗马，大约在 13 世纪时经阿拉伯国家传入中国。由于掐丝珐琅在明代景泰年间就已获得史无前例的发展，又因其外饰多用蓝色釉料，故又称“景泰蓝”。掐丝珐琅制品图案丰富、釉料饱满、色泽光亮，既有金银工艺的富丽，又有染织工艺的华美。广州在清代也曾生产掐丝珐琅，在民国时期和二十世纪六七十年代出现衰落。后来，花县珐琅厂派杨志峰等人去北京学习，又将掐丝珐琅的技艺带回广州。掐丝珐琅制作大致包括制胎、掐丝、烧焊、点蓝、烧蓝、磨光、镀金等 7 个步骤。

• 珐琅制作工序——挂瓷

• 珐琅制作工序——掐丝

• 珐琅制作工序——点蓝

三、中彩珐琅

中彩珐琅是20世纪80年代广州花县珐琅厂首创的结合掐丝珐琅与画珐琅技艺的新工艺，取名“中彩”，主要是因为产品中央有主题彩画，且彩画不是釉上彩，而是夹在中间层的釉下彩。另外，广州人特别重视意头，给珐琅取名“中彩”也寄托了“中（zhòng）彩”的好意头。

中彩珐琅的制作流程综合了掐丝珐琅和画珐琅的工艺，包括制胎、掐丝、焊丝、点蓝、烧蓝、绘画、烧彩、打磨、镀金等环节。

代表性传承人

杨志峰 男，1958年生，花都区狮岭镇杨屋村人。1975年高中毕业后进入花县珐琅厂学艺，1976年至1978年师从国画大师何磊、吉梅文、陈雨田学习中国画，1979年至1981年到北京学习景泰蓝掐丝技艺，1983年研制出新型珐琅工艺——中彩珐琅，2003年成立了承峰珐琅艺术工作室，专门从事珐琅工艺制作。杨志峰的作品多次获得国家、省、市级奖项。在创作的同时，他还十分注重宣传和传承工作，提高广大市民对广州珐琅制作工艺的认识和兴趣，使广州珐琅后继有人。

● 广州珐琅制作技艺代表性传承人杨志峰

● 广州珐琅制作技艺代表性传承人刘成滔

刘成滔 男，1971年生。1989年起在花县珐琅厂师从杨志峰学习珐琅制作技艺，现任职于承峰珐琅艺术工作室。技艺特色：制型古朴，构图严谨，大方稳重，善于运用工笔画珐琅，擅长以广州画珐琅为主体，以掐丝珐琅做锦地，将两种珐琅有机结合起来，既传承了广州珐琅淡雅、古朴、细致、釉质温润细腻的特点，又结合了掐丝珐琅金属的贵重感与釉料的装饰性，作品具有绚丽多彩、金碧辉煌的特点。

项目点评

广州珐琅制作技艺历史悠久，记录了广州口岸开放的历史，是中外文化交融的结晶，具有重要的历史文化价值和技艺价值。清代，广州珐琅艺人相继被选入京城，丰富并促进了北京景泰蓝制作技艺的发展，展示了“广州匠人”的高超技艺。当代广州珐琅艺人不断进行大胆创新，开发出中彩珐琅这一新品种，使广州珐琅不断焕发出新的生机。

当然，广州珐琅制作技艺的传承发展，受制于时代的审美发展。如何运用传统技艺生产出符合当代审美观和消费需要的珐琅产品，是广州珐琅制作技艺创新发展所要解决的核心问题。

VIII-5　广州戏服制作技艺

项目名称　广州戏服制作技艺

入选名录　第三批广东省级名录、第二批广州市级名录

流传地域　越秀区

●男大蟒

历史渊源

广州戏服制作以粤剧戏服制作为主，还包括头盔、战旗、靴袜等的制作。广州戏服制作技艺传承已有 300 多年历史了。

据清光绪五年 (1879 年) 刻本《广州府志》载，清顺治年间，位于今广州市人民中路的状元坊已是戏服制作艺人的聚居地。清道光年间，杨掌生的《梦华琐簿》就用“其服饰豪侈，每登台金翠迷离，如七宝楼台，令人不可逼视，虽京师歌楼，无其华靡”来描绘粤剧服饰。清末宫廷皇室的戏班，每年派专人不远千里南下广州定制蟒袍玉带、凤冠霞帔、头盔彩翎等戏服和演出用品，可见当时广州戏服制作在国内已有较大的影响。

20 世纪初，广州戏服店铺仍多云集在状元坊，当时著名的余茂隆戏服店有十几个伙计帮工。广州戏服店铺大都采取自己负责设计、缝制，把刺绣外包加工的方式进行戏服制作。他们不仅制作戏服，还制作盔头、须口、把子等道具。当时一些戏班没有自己的服装道具，广州戏服店铺于是就向戏班开展出租戏服业务。

1930 年后，广东的戏班开始提倡“私伙”（即演员自己购置服装），当时稍有名气的演员都会为自己专门购置戏服。当时广州状元坊内已遍布戏服的作坊，较有规模的作坊如中华、群星、新新、金珠记等，它们的产品行销广东省内外，以及港澳与东南亚地区。广州戏服的特点是色彩鲜艳，图案丰富，工艺精细，因此深得海内外人士的喜爱。

1949 年后，广州戏服制作开始受到国家有关部门的重视。1956 年 4 月由中华、群星、新新等戏服店铺和一些个体手工业户组成顾绣戏服生产合作社，社址设在状元坊，所制作的传统戏服闻名遐迩。1962 年，人民戏服社与河南文艺戏剧用品社合并，成立中华戏服社。新成立的戏服社，集中了广州制作戏服的能工巧匠，融会众长，成为能生产戏服、道具、须发、靴鞋等一整套舞台用品的颇具规模的集体企业，在产品品种、生产规模和产量上都有极大的改进。

1969 年，中华戏服社由状元坊搬至沿江东路 437 号和 439 号，与美奇机绣社合并成立了广州卫东机绣工艺厂。1976 年，卫东机绣工艺厂又分为两个厂，“广州中华戏服工艺厂”在沿江东路 437 号继续生产，恢复和发展了传统戏服、刺绣工艺。

改革开放以后，广州戏服制作技艺随着戏剧演出的繁荣而有了新的发展：在服饰设计上，吸收了北方戏剧服饰的特点，并可以按照不同剧情、不同人物角色而专门设计定制，还根据粤剧特点设计创作了具有广东特色的改良靠、文武袖等；在刺绣工艺上，从绣单色而改为绣五彩色，以精工机绣代替手绣，提高了生产效率。广州市越秀区的中华戏服厂、状元坊戏服厂名声在外，产品不仅供应广东、广西的戏剧团体，更供应给海外华侨华人团体。

基本内容

粤剧的每一个行当都有各自独特的服饰打扮，根据不同剧情、不同人物特征搭配不同的戏服。广州传统戏服种类繁多，刺绣采用绒绣、线绣、钉金银线绣等。广州戏服制作经过长期发展，已形成有自己特色的程式化工艺，对不同种类的戏服在用料、设计、缝合、配饰组合、服饰图案等方面均按照历代沿袭的规定，其领、袖、腰封、下摆的款式各不相同，刺绣图案各有讲究，并根据戏剧角色特点，配备相应的盔头、巾帽、靴鞋、须发、头面等。

• 戏服厂生产车间

一、戏服制作工艺

广州戏服制作工序繁复、工艺流程多，一件戏服制作包括设计图案、针稿、扫花、刺绣、缝制等工艺，一般每道工序由不同的艺人完成。（1）设计图案：构思戏服上的图案和布局，

•设计图案

画在描图纸上。设计图稿时要注意角色身份、穿用场合，使观众通过服饰、图案就能判断角色的身份、年龄、性格。（2）针稿：在画有图案花纹的描图纸上，用特制的针稿机沿着图案线打出细密的针孔。（3）扫花：用立德粉和色粉混合制成的扫粉擦描图纸上的针孔，将图案印在布料上。（4）刺绣：戏服上的刺绣工艺有绒绣、线绣、钉金绣、珠绣等，要根据人物角色、服装款式和图案纹样，配取不同色彩的绣线，采用不同的工艺刺绣。（5）缝制：戏服缝制主要有熨烫整理、剪裁、裱贴、捆边、车缝、钉纽等环节。

二、盔帽制作工艺

广州戏服盔帽品种繁多，其制作工艺十分复杂，且每个工序都由手工完成。单就凤冠制作而言，就要经过零部件制作、底部制作及拼接等三部分 18 道工序才能完成。

零部件制作是对凤冠装饰部分的制作，包括底部打浆、雕刻零件、搓铁线、粘铁线、贴边带、沥粉线、钉胶片、贴底纸、串珠仔、扎绒球等工序；底部制作是对凤冠主体部分的制作，包括起底、跟铁线、裱面、贴里、织底等工序；装拼是把零部件与底部组合成一个完整凤冠的工艺，包括安插珠串、绒球，拼接零件与底部，安装挂穗等工序。

•刺绣

三、靴鞋制作工艺

广州戏服靴鞋品种繁多，造型特别，制作工艺复杂，一般都由手工制作。单就高靴制作而言，就包括靴面、靴底两部分共 12 道工序。靴面制作包括裱里、拍面、裁剪、车缝等工序；靴底制作包括粘贴软木（水松木）做鞋底，削切、打磨成型，涂胶、风干，粘底、打格、钻孔、上线、固定靴面、靴面与靴底边缘上线缝合、定型、打磨等工序。

•熨烫整理戏服布料

广州戏服的靴鞋制作与其他地方不同，不是用多层的叠纸做靴底，而是用水松木层叠做靴底，既轻便又防潮，便于演出。

四、头套制作工艺

•头饰

广州戏服头套种类很多，制作工艺也十分复杂，一般包括7道工序：

（1）准备：以浓的普洱茶水浸泡半硬纱布，染成肉色。

（2）起底：按头围、中路尺寸，制作头形木模，将一条1厘米宽、70厘米长的纱布作为头围的固定边，用大头针固定在木模上。

（3）根据木模上的头中部、两侧耳滴、后脑两侧等5个点，用黑色边带，作经纬线的缝合，形成一个头套的网架。

（4）用5条闹钟的发条，分别缝在5个点上（两边太阳穴和后脑穴位是重点，是否服帖全靠这5段发条）。

（5）用黑布盖在网架上，缝合固定在黑边带上，形成一个布头套。

（6）钩发：根据头发的长势、纹路，将真发钩在布头套上。

（7）梳理：发套钩好后，用发油梳理，用发夹、头绳编织发辫，发型按角色需要决定。

除了继承传统外，广州戏服制作还积极尝试创新，如二十世纪二三十年代把胶片和电灯泡运用于戏服制作，产生了胶片戏服和灯泡戏服；用亮片装饰戏服，遮盖衣服底料，形成了“密片”戏服。再如20世纪50年代把女帔风和大宫装相结合，制作出反宫装改良戏服；此外，还有由文官长袍和武将的服饰结合、演变和改良形成的文武袖，由男大靠改良而成的男小靠，改良小宫装等。

•反宫装

项目点评

广州戏服属广州刺绣服饰，随粤剧、广绣发展而发展。从清康熙年间一批手工艺人聚集在广州状元坊一带制作戏服开始，广州戏服制作至今已有300余年的历史了。广州戏服制作，结合了粤剧的演出特点，运用广绣传统的钉金垫浮绣技艺，制作的戏服饱满浮凸，富丽堂皇，具有“平、密、和、垫”四大特色。与其他地方剧种的戏服相比，广州戏服绣工精细，色彩艳丽，花纹繁缛，构图饱满，色块对比强烈，具有热烈明快的岭南地域文化特色。

广州戏服制作技艺具有多方面价值：一是其造型和纹样设计、刺绣等技艺，具有鲜明的岭南特色，是我国传统戏服制作技艺的代表。二是其与粤剧演出密不可分，反映了粤剧艺术演出的历史，为研究粤剧提供了重要材料。三是其所制作的作品，是传统手工艺人智慧与艺术的结晶，具有独特的艺术欣赏和收藏价值。

在古代，广州戏服制作技艺传承发展与粤剧等传统戏剧的兴衰密切相关：粤剧兴，则戏服兴；粤剧衰，则戏服衰。今天，广州戏服制作技艺传承发展也与自身的创新有密切关系。能否适应当代古装影视剧、年轻人COSPLAY（扮演动漫角色）、现代创意设计等的发展，是广州戏服制作技艺能否保持自身生命力的关键所在。

VIII–6　广州箫笛制作技艺

项目名称	广州箫笛制作技艺
入选名录	第三批广东省级名录、第二批广州市级名录
流传地域	越秀区

• 广州箫笛

历史渊源

箫笛是我国传统的管乐乐器，可溯源到新石器时代的骨笛。

早在春秋战国时期，广东就开始制作钟鼓等打击乐器了，但直到宋末元初，箫笛制作才见于文献记载。由宋入元的陈大震在《大德南海志》中记载："淳祐四年（1244 年），经略方大琮，丁祭之夕，慨谓仪文既肃，乐奏缺然，于礼未称。始得古钟十于南恩郡库。乃考古制，命工取式，制为乐器。钟磬笙箫，琴瑟埙篪，柷敔搏拊，凡五十有六器。肄习于学，既而陈诸祀事，按音合节，不图古乐之见于今也。教授张雷震，于旧学官位为库藏之，库今废，乐器皆新制。”显然，广东箫笛制作的发展，与宋室南移、中原礼乐文化入粤有很大关系。

明清时期，广东经济、文化繁荣，昆腔、弋阳腔、皮黄以及梆子戏相继传入广州，带动了粤剧、粤乐的形成和发展，也带动了箫笛等伴奏乐器制作技艺的发展，当时在广州、潮汕和佛山等地，已有专门的箫笛等乐器作坊。据屈大均《广东新语》记载，明代香山人黄佐不但著有《乐典》，还能制作箫笛等乐器。此外，有关当时广东祭祀、宴乐中箫笛使用情况，在当时地方志中也有大量记载。

清末民初，广州濠畔街是箫笛等乐器作坊的聚集区。1850 年，已有金声馆、正声馆、悠扬阁、金城等 8 间乐器作坊。到了 1912 年，全声、德声、文声、扬高声等乐器作坊也相继迁入。这些作坊主要生产秦琴、三弦、箫笛等乐器。

1920 年，广州出现了有名的箫笛生产专业户巨亨泰、王文记等，从业人数 12 人，生产的箫笛有横箫、喉管、班笛等，月产量 3000—5000 支，除内销外，还出口到东南亚、美国旧金山等地区。到 1937 年，分布在濠畔街、大新路、靖远路、海珠路等地的民族乐器作坊已达 30 多户。

1938 年日军占领广州后，箫笛等乐器制作受到较大冲击。抗战胜利以后，广州箫笛制作行业逐渐恢复了生产。1947 年，高振兴、广昌泰和赖氏三兄弟等 10 余人重新开办了箫笛制作工坊。1948 年，大新路、濠畔街重新成为乐器作坊聚集区。

1956 年 5 月，广州成立了岭南箫笛合作社，后更名为广州岭南箫笛乐器厂，社员达到 26 人，年产箫笛 2.4 万支，花式 20 余款；1957 年箫笛激增至 35 万支，乐器厂规模开始扩大，全盛时期工人达到 300 余人，并建有箫笛新产品研究室。

1963 年，广州岭南箫笛乐器厂的郭汝灼研制出了“木质箫笛系列”和“半音键改良中国笛”，并组建了岭南管乐厂笛子乐队。该乐队使用的笛子是由不同音色和音区的大小笛子配套组合而成的，音域宽广、音律准确，体现了广州箫笛制作的高超水平。1966 年，郭汝灼与广东著名音乐家陈芳德合作制作了长 1.8 米的低音横笛。1969 年，岭南箫笛乐器厂开始生产莺歌牌专业笛子，年产 30 万支，其中 5% 销往港澳地区以及新加坡、马来西亚等国家。

1970 年，广州岭南箫笛乐器厂更名为岭南管乐厂，职工 200 多人，开始机械化和半自动化生产，产品花式共有 100 多种。1986 年，岭南管乐厂停产。

1988 年，郭汝灼与他的儿子郭大强、郭大民创办了粤声乐器加工厂，恢复了传统箫笛制作。

●广州箫笛制作艺人郭汝灼

基本内容

广州箫笛制作技艺有鲜明的特色，主要体现在工艺流程上。箫和笛制作工艺大同小异，一般包括 16—19 道工序。

1. 选料。广州箫笛制作的主要材料为竹，现在也用檀木、酸枝木或铜管。箫笛的音质好坏与选用的竹材关系很大。要选用冬至到春分期间采伐的竹子，四至五年的竹子较好，竹质应坚实、分量较大，无虫蛀、干缩、劈裂、蜂腰或大腹等缺陷，管身圆满、纹理细密顺直。

2. 截料。截料时，要根据调门的需要截出竹子的长短，一般竹子可根据自然节截出需要的长短。

3. 过火。一般烤竹子采用文火，使竹子的里外受热均匀，被焙直。

4. 通膛、锉膛。把烧红的铁锉插入竹膛中，打通竹节内膛。

5. 定调。用尺量竹子的内径，以此来定箫笛的调门，再用定调尺在竹上画出各孔的位置。

6. 打孔。在竹子画好音孔的位置依次打出音孔。

7. 烙眼。用烧红的通条烙箫孔，用挖眼刀把烙眼后的箫笛眼挖开，同时把箫笛眼修整规矩。

8. 打磨。用膛锉、毛刷等工具打磨内壁及箫笛身，用砂纸打磨箫笛身，打磨到手感舒适，无毛糙感为止。

9. 调音。通过吹奏为箫笛定调。

10. 镶拉套。拉套主要用于微调箫笛音的高低，拉套大小依据箫笛粗细而定。制作时，先在镶拉套的位置将箫笛锯开，再用烧熔的胶将做好的拉套粘在箫笛上。

•把竹放在火炉上焙直

•调孔刀

• 挖眼

• 烙眼

11. 装饰。上光油或清漆，刻字及花纹。

12. 扎线。根据音色用鱼丝线扎在笛子不同的位置上，使得音色更加扎实，并防止笛子因热胀冷缩而开裂。

箫笛制作讲求经验积累、心领神会，特别讲究把握时间和火候。艺人的箫笛制作经验和艺术修养对箫笛质量起着决定作用。新鲜的竹材经采集后，须放置三年以上，待竹身完全褪青，再进行烘干、扳直，可防箫笛因气候变化而变形。过火是箫笛制作中最重要的一道工序，对火的温度和烘烤的时间控制尤为讲究。过火后的竹子纤维会收缩，竹管变薄，才适宜在上面定点、打洞。定点时箫洞须开得较小，在校音后才不断调整箫洞的大小，这是保证箫笛音色的关键。

一管好的箫笛讲究音高、音调的准确。因此在制箫笛后期，须对已成型的箫笛反复调音，在细微处调整。为保证箫笛的音调、音色准确，须多人校，反复校。

代表性传承人

郭大强 男，1965 年生，广州人。8 岁时跟父亲郭汝灼学习吹笛，15 岁时开始学习制作箫笛。从小受过严格的练耳训练，加上广州得天独厚的文艺环境，郭大强练就了过硬的箫笛校音本领，其精准度堪比仪器。1988 年建立粤声乐器加工厂。2000 年，他被著名箫笛演奏家张维良肯定，获得“南箫王”称号。2008 年，被聘为广东省音协民族音乐委员会竹笛专业委员会副会长。

• 广州箫笛制作技艺代表性传承人郭大强

项目点评

广州箫笛制作技艺是在一般箫笛制作的基础上，适合广东音乐和粤剧音乐的特点，为满足本地演奏家及普通百姓的需要发展起来的。广州箫笛制作根据广东音乐和粤剧音乐特点来定调，有浓厚的地方特色和丰富的历史文化价值。广州箫笛声音洪亮、清越，变化丰富，是质量上乘的乐器；又开孔圆润，内膛光洁，竹节磨光，两端平整，漆饰美观，既适应南方气候潮湿、天气多变的特点，又是精美的手工艺制品。

VIII-7 醒狮扎作

项目名称 醒狮扎作

入选名录 第三批广东省级名录、第二批广州市级名录

流传地域 越秀区

• 醒狮头

历史渊源

醒狮扎作是一种与舞狮有密切关联的民间狮头制作技艺。舞狮是一种传统民间舞蹈艺术，有南北之分，醒狮即南狮，主要流传于广东。古代中国原本没有狮子。汉朝时期，才从西域引入少量狮子，并开始出现人模仿狮子的表演，三国时模拟狮子表演发展成舞狮，到南北朝时随佛教兴起而开始盛行。

随着舞醒狮的兴盛与流行，醒狮扎作也迅速发展起来了。据《南海县志》载，早在清代乾隆年间佛山已有专门生产狮头的作坊，如纪岗街的黎祥兴、麦荣记，水巷口的黎祥泰、德

泰祥，福贤路的黎祥新、忠诚泰等。清道光年间，钟柳镇在东莞石龙开设醒狮扎作坊，专门为周边武馆扎制狮头、龙头等道具。清末，鹤山人陈斗、冯庚长把猫的动作与狮的性格巧妙结合，配合喜、怒、惊、乐、疑、醉、睡、醒等“八情”，创造出了猫头形象的鹤山狮。在佛山、南海、鹤山等地醒狮扎作的影响下，广州醒狮扎作也在清末开始出现。

清末民初，广州各地迎神赛会不断，吸引了各乡醒狮队前来舞狮献艺。有舞狮的地方，就有醒狮扎作。巨大的市场需求，促进了狮头扎作业的发展。这一时期，广州著名的醒狮制作用品店铺有柏记醒狮扎作店、金声醒狮用品店、先声工艺扎作店等。一直到1949年之前，广州大新街集中了约40家醒狮作坊，有“西头象牙玉器、东头醒狮乐器”之说。

1956年，先声、金声、祈声、柏记等13家醒狮扎作店和打击乐器店，合并为五羊鼓乐社，隶属广州市第三工业局。

1958年，广州市将当时一些分散的扎作艺人集中在一起，建立了中娱鼓类艺术扎作厂，隶属广州市第二轻工业局，厂址分布在大新路、解放北路桂花岗，高峰时期一年能卖出10万个狮头。当时，这是广州唯一一家生产经营彩扎工艺品和狮鼓的企业，汇聚了不少能工巧匠，其中就有行业中人称“狮王”的著名老艺人邓松。1960年他与廖珠、陈钊一起被市人民委员会授予艺人称号。1974年，更名中娱鼓乐厂（以下简称“中娱厂”）。20世纪80年代初，在中娱厂陷于倒闭的境况下，全声、浩声、先声等私营醒狮扎作店相继开业经营。1993年，中娱厂解困转制，归广州珠江钢琴集团公司管理。2008年，中娱厂倒闭。此后，广州醒狮扎作便散在几个私营作坊里。

目前在大新街有先声工艺扎作店、全声醒狮用品店、祈声鼓乐店、浩声乐器用品店经营醒狮扎作。这些店铺都由老一辈艺人或其学徒经营。

“艺群”龙狮扎作坊创作的醒狮

基本内容

●艺人在绑扎狮架

醒狮扎作是一种传统技艺，一般包括扎作、扑纸、写色、装配等四道工序。

（一）扎作

指用竹条编织出狮头的骨架。一般而言，狮头骨架结构包括狮额、狮背、狮口、狮眉、狮角五个部分。各部分又有不同类型，如狮额就有饱额和凸额两种形状；狮角就有鹰角、鳌鱼角、尖角、象鼻角、星角、拳角、笋角、羊头角、牛头角和虎头角等形状，所以，狮头扎作的第一步就是要对狮头整体构架及各部分的形状进行设计，接着就是选择合适的竹子、藤条、纱纸等材料，然后经过剪竹、裁藤、压条、编织等工序，最后做出完整的狮头骨架。

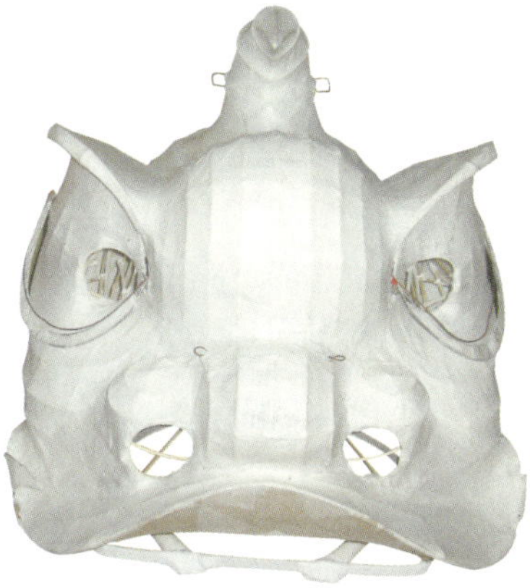

●完成扑纸的醒狮头白胚

（二）扑纸

指把纱纸蒙在做好的“狮头”骨架上面，一般要扑三层。先用糨糊将薄如蝉翼的纱纸扫透，按照扎好的狮头形状平铺上去。等纱纸风干后，再铺一层蚊帐布，蚊帐布风干后再铺一层纱纸，如此反复就做成了狮头的白坯。

（三）写色

指在醒狮白坯上描绘各式图纹并着色。写色要经过打底、描画、添笔等三步。打底是在纸面刷上一层白色油彩，这样可使色彩更加鲜艳，现在有不少买家要求用激光纸打底，这样表演时狮头就能在日光下闪烁发光。描画一般选择鲜亮明快的颜色，多用黄、红、黑等颜色，分别象征了三国时期的刘备、关羽和张飞。狮头的装饰，除了主题色彩外，一般还要衬以圆点纹、火焰纹、螺旋纹、如意纹、草尾纹等传统吉祥纹饰。

●写色

（四）装配

指对狮头的粘毛和装饰过程。为使狮头更加逼真、美观，还要在狮头的眼、耳、角等部位粘上绒毛等装饰，并安装头镜、眼球、铜须等。狮头最关键的是形态，要有立体感、灵动有神，用行话来说就是“枕企额高、眼精眉亮、背宽、饱额、杏鼻、面颊饱满、口阔带笑、圆口唇、明牙震舌、双龙腮、竹笋角”。此外，狮头还要扎实耐用、光滑。

项目点评

醒狮扎作是一项具有岭南特色的民间手工技艺，清代发源于佛山，清末民初在广州传承、发展并形成自己的特色。在造型上，广州醒狮重神似、重意头，极度夸张浪漫，威武雄壮，美丽活泼，形神兼备。醒狮额高而窄，有角，眼大而能转动，口阔带笑，背宽、鼻塌、面颊饱满，牙齿能隐能露，体型庞大。在色彩上，广州狮头有文狮、武狮和少狮三大类，有金、银、红、黄、黑、蓝等色，多数寄托了人们对我国传统忠勇、仁义精神的赞美和对美好生活的向往。

醒狮扎作是我国民间传统手工技艺的代表，具有很高的技艺价值。同时作为民间舞狮文化的组成部分，是岭南民俗文化的一个代表，是岭南人自我认同的文化符号，具有重要的历史文化价值。

VIII–8　岭南盆景艺术

项目名称　岭南盆景艺术

入选名录　第三批广东省级名录、第二批广州市级名录

流传地域　海珠区、荔湾区

▪福建茶盆景《南国风情》（刘仲明摄于 2002 年）

历史渊源

盆景艺术是以植物、山石、水、土等为素材，经过盆景创作者的设计、加工、养护，在盆钵中表现大自然风光景致的一种艺术形式。岭南盆景艺术是我国盆景艺术五大流派（苏派、扬派、川派、徽派和岭南派）之一。

岭南盆景艺术的起源与广东盆栽密不可分。晋人嵇含在《南方草木状》中就有关于广东盆栽观赏果（橘）的记载。唐武德年间，盆栽由宫廷贵族逐渐流行到豪门大户。唐代末年，广东已有盆栽九里香等品种，如东莞资福寺的九里香就是古盆景树之一。

清代广州对外经济交流逐渐频繁，广州种植的花卉品种日趋丰富，出现了以花地（今芳

九里香盆景《半空舞苍龙》获第四届中国国际园林花卉博览会铜奖（崔文锐摄于 2002 年）

村花地湾）为代表的专门种植、销售花木的特色区域，为岭南盆景艺术的形成和发展创造了条件。清代岭南盛产古树盆栽，品种主要有罗汉松、榆树、九里香、柏树、水松等，但造型上多相互类同，树干多呈“之”字形，有“宝鸭穿莲”“老蚌生珠”等动物造型和“福”“禄”“寿”等吉祥字型。

20 世纪 30 年代，岭南盆景艺术创作有三个不同的风格流派：一派以孔泰初为代表，他将国画特点和树桩形态相结合，作品以雄伟苍劲、纯朴自然见长；一派以广州三元宫道士为代表，他们在将近枯死的树桩上培育树芽，作品以孤飘潇逸为贵；一派以广州海幢寺素仁和尚为代表，他们的作品以树形扶疏挺拔、潇洒轻盈，枝干清瘦、笔直而生，枝叶简单利落，意境清高超脱为特点。

从 1949 年至 1965 年，广州盆景艺术发展迅速，已成为我国外交活动的礼品，享誉中外。1956 年成立了广州盆景艺术研究会。1964 年，在德坭路（即今东风西路）的流花湖畔，建立西苑盆景园，当时苑内有盆景 1000 多盆，其中有黑松、榆树、福建茶、罗汉松、雀梅、九里香等名贵盆景 300 多盆。

1979 年和 1987 年，广州市盆景协会和广东省盆景协会先后成立，成为促进岭南盆景制作发展的重要民间组织。1986 年，选送 50 盆盆景参加在意大利热那亚举行的第五届国际园艺花卉博览会，获得金质奖 3 个，银质奖 1 个。1987 年，广东省盆景协会选送广州地区的盆景参加北京第一届中国花卉博览会，获得 18 个奖项。

1990 年，粤、港、澳、台盆景界在广州起义烈士陵园首次联袂举办岭南盆景艺术博览会，共展出岭南派艺术风格佳作 500 多盆，前往参观者达 10 万人次。

• 2006 年 8 月朴树获第六届粤港澳台盆景博览会铜奖（仲恺农学院提供照片）

▪榕树盆景《荔湾情怀》（崔文锐摄于 2006 年）

▪雀梅盆景获香港花卉展览会盆景类植物斜树形盆景冠军（崔文锐摄于 2007 年）

基本内容

岭南盆景艺术创作，主要体现在工艺流程、装饰技法和创作手法等方面。

一、工艺流程

1．选择树种。岭南盆景艺术创作十分讲究树种的选择，要求树种具备五个特点：一是叶片小而常青，革质；二是枝条柔韧；三是树种生长速度快；四是树种萌发能力强；五是树种愈伤性能良好。岭南盆景艺术创作常用的树种有 100 多种。

2．选择树形。岭南盆景艺术创作对树形的选择，主要考虑树干、树根、树头几个因素。树干选择有三忌：一忌树干中部突然隆起；二忌蛇形树干；三忌死曲。树根部最好裸露生长，大小以直径一厘米左右为宜，走向最好为向心辐射，成风车形，互不交搭在一起。树头最好是相连头，每株树都有自己的根系，但树与树之间又是同一母体相联结的，这种树头叫丛林式树头，是十分难得的树形。

3．构图。构图是岭南盆景艺术创作的开始，也是整株盆景定型的关键。加工时根据树桩的形态顺势而为，力求简单。首先要区别树种、判别树形、反复观察、再三琢磨研究，形成一个比较完整的构思，然后按构思进行裁剪。

4．整根。修剪树根时首先要注意保留原有的须根，根之长短要根据树桩形状来定。根要露出泥面生长，盘根突出，苍劲老辣。

5．整枝。盆树整枝，要使枝条疏密、粗细、长短、间距匀称。

6．培植。经过修剪定型的新树桩头，必须抓紧在其发芽前进行培植，因为此时树木还在休眠期，吸收和蒸发作用不大。培植时必须做好促根、缩短树桩离土时间、封口、输水、保养等基本工作。

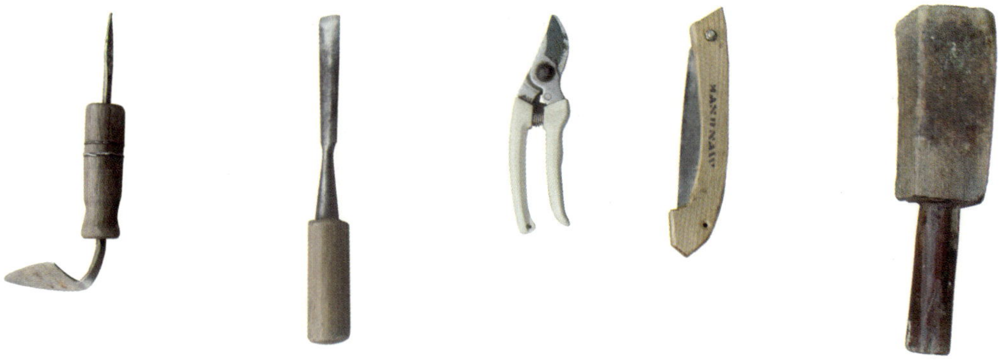

•工具

二、装饰技法

为填补树桩的缺陷，更好地凸显树种风格和创作意图，岭南盆景艺术创作一般用下面几种手法对盆景进行装饰。

1. 雕凿法。就是把树桩中不符合创作要求的多余部分或影响创作构思、影响作品造型的横托横枝在改坯时及时凿去，使其不影响整件作品的美观协调。

2. 挑皮法。指用挑皮的方法对作品加以整形。在需要整形部位，顺着树纹，用利刀将皮层切开，轻轻地把皮层挑离木质，使整形部位皮层与木质稍稍分离，待伤口逐渐愈合，便会出现隆起现象并造成表皮高低错落状，使得树干突兀嶙峋。

3. 打皮法。打皮法的原理、作用与挑皮法相似，主要用较硬木质木槌敲打树皮来整形。

4. 打木砧法。先用直口利刀在需进行加工的凹陷部位顺皮层方向凿一深至木质部的裂口，然后用较硬木质造一个与裂口同宽的木砧，顺着凿口的裂缝轻打进去，使表面皮层隆起。

此外，常用的装饰技法还有带枝法、丁字枝嫁接法、直接嫁接法、头根气根嫁接法等。

三、创作手法

岭南盆景艺术创作以树桩为主要素材，依据自然树理，因材造型，着重于剪截造型。此外，它还借鉴了岭南画派特点，讲求师法自然、融情入景的手法。常见的创作手法主要有：

1. 截干蓄枝。指对树干节枝多次剪截，使枝干比例匀称，曲折有力，枝托“上翘如鹿角，下垂如鸡爪”，达到古拙入画的效果。

2. 脱衣换锦。指在作品展出前，先摘光盆树全部叶子即“脱衣”，让它再逐渐生芽长叶，使盆景在一段时间内展现出冬、春、夏、秋四季不同的景色。

3. 近树造型。指根据树坯形状进行创作，保留其原始风貌，做到流畅自然。

4. 分段培育。指把树桩营养生长过程分为促进阶段和抑制阶段，即分阶段进行艺术整形。在分段培育过程中，根据设计要求，划分时段，合理控制施肥浇水，枝梢剪留进行培育。

红果盆景（崔文锐摄于2011年）

代表性传承人

岭南盆景艺术代表性传承人周炳鉴

周炳鉴 男，1936年生，广州市海珠区人。1958年，跟随孔锡华学习盆景艺术，此后一直从事盆景艺术创作。周炳鉴在盆景艺术创作方面的成就主要表现在：一是成功研究出了盆景无土栽培法；二是能熟练运用植物生长与挂果基质知识，使盆景能反季节挂果；三是拯救了濒临灭绝的水松。他的代表作品有《万家灯火迎国庆》《百年根基》等。

陆志伟 男，1948年生，广东南海人。1963年开始跟随父亲学习岭南盆景艺术。陆志伟在盆景制作上的主要贡献有：摸索出“丁字嫁接法”，协助父亲创造出“头根嫁接法”和“气根嫁接法”。他擅长杂木类树种的造型创作和造型组合技术的运用，强调师法自然。代表作有《攀云》《秋雨古藤》等。

岭南盆景艺术代表性传承人陆志伟

崔文锐 男，1946年生。1956年起跟随岭南盆景大师孔泰初学艺，2002年起任海珠区盆景雅石协会副会长兼秘书长。他将截干蓄枝、分段培育的方法与岭南盆景的技法结合，培育出苍劲有力的回头树。善用药材渣做培土材料，使盆景生长旺盛。他将农业种植技术应用于盆景种植，使盆景的生长水平得以提高，还可通过技术处理使老弱盆景重现生机。

岭南盆景艺术代表性传承人崔文锐

项目点评

岭南盆景艺术以树桩为主要素材，依据自然树理，因材造型；此外，它借鉴了岭南画派特点，讲究师法自然、融情入景的创作手法，形成了源于自然、高于自然，集形、神、意、韵于一体的艺术风格和“大树缩影”的艺术特色。用植物、山石等不同原料来表现大自然的风姿神韵，具有极高的艺术审美价值。岭南盆景艺术作品畅销国内外，具有广泛的社会影响力。

VIII-9　西关打铜工艺

项目名称　西关打铜工艺

入选名录　第五批广东省级名录、第二批广州市级名录

流传地域　荔湾区

历史渊源

西关打铜工艺是一种通过锻打铜材来制作铜器的传统工艺，因主要集中于广州西关而得名，是岭南打铜工艺的代表。

西关打铜工艺的起源，与广州地区对铜器的使用密切相关。从出土文物来看，早在商周时期，广州已有了青铜制品。到了春秋战国时期，广州青铜器生产数量开始增多，技术也有了较大的发展。秦汉时期广州青铜器制造有了长足发展。汉代南越王墓随葬青铜器数量庞大，

• 西关打铜工艺品

制作技艺十分高超。唐以后广州铜器制作从以兵器为主转为以生活器具为主。

• 天程铜艺店

清代是西关打铜工艺发展的鼎盛时期，当时广州是铜锡器制作业最为发达的城市之一，在西关就有著名的“打铜街”。当时广州的铜锡器“入黑白铅则为熟铜，入锡则为生铜，各器均由工人制成，寄卖于铜铁店，销往内地各埠及西、北江”，在国内影响很大，有“苏州样，广州匠”之说。

到20世纪50年代末，西关打铜业曾一度衰落。20世纪80年代后，西关打铜作坊经营环境得到改善，打铜技艺得到传承发展。

• 西关打铜工艺店

近年来，西关打铜行业呈现出复兴发展的景象，现西关恩宁路一带已有打铜工艺店8家。其中以天程铜艺店为代表，它在继承传统打铜技艺的基础上，大胆运用现代艺术设计理念，赋予每件手工打制的铜器新的内涵和审美价值，生产的产品款式多样，制作精美，有广泛的社会影响。

2009年和2013年，西关打铜工艺先后被列入广州市第二批非物质文化遗产代表性项目名录和广东省第五批非物质文化遗产代表性项目名录。

基本内容

西关打铜以生产日用品为主，先以模压或锤子敲击薄铜片成型，再通过錾、刻、雕、批、镶嵌等各种工艺进行加工和装饰，形成最终产品。铜器表面纹样装饰精致，刀法老练，线条流畅，题材多样。除日用器具外，西关打铜还制作工艺品、贡器和乐器等。西关打铜工艺复杂，有多道工序，主要分为：

1. 选料。根据铜器不同的用途，可选用青铜、黄铜或紫铜作为原材料。

2. 手工打造初形。根据器形大小，剪裁合适的圆金属板，通过锻打使其成为器皿的初坯。即把圆金属板置于铁砧上，调整好锻打的力度和倾斜的角度，边转动边均匀锻打，锻打圆金属板的每一个地方。如果一两个地方锻造过度，将导致金属板厚薄不均，甚至会有开裂的可能；也可能导致其他地方裂缝翻卷，器皿边沿高低不齐。在锻打过程中，还要注意退火，使其软化，防止再锻打时开裂。

手工黄铜痰盂

手工黄铜面盆

手工紫铜葫芦

3．手工锻造成型。器皿初坯形成以后，接着就要利用铁砧锻造出具体的形体。锻造时要边转动器皿边用锤子锻打，不同造型的器皿采用不同的锤子和铁砧，有的锤子用来找准形体，有的用来锤打转折面，有的用于细微部位整理。除了铁砧，木砧也是手工锻造的重要工具。

4．工艺效果处理和部件焊接。工艺效果处理是指对器具的表面进行工艺处理，包括錾花刻线、装饰传统纹样、制作浮雕效果等。有的还采用锻打锤点技法，使器具呈现出肌理效果，自然朴素，具有浓厚粗犷的自然味，如藏式酥油茶壶、水缸等器具，就采用这种技法。工艺效果处理完之后，按照器物的整体设计，把器皿的配件如盖、把手、嘴等制作出来并焊接上。

西关打铜在继承传统的基础上，对铜质材料和工艺都做了一些改良。在材质上，既注重选材的多样性和各种铜材质之间的对比，又注重吸纳新材料和特殊材料，丰富了材质的选择范围。在工艺上，增添了焊接、切割以及钻、铆、刨、铣、抛等加工手段，丰富了工艺的表现形式，增强了工艺的时代感。现代西关打铜工艺注重体现器具肌理的变化效果，如在锻造过程中保留了锻打的痕迹，产生了或粗或细的肌理效果，体现强烈的个性化特征和浓厚的手工美。

代表性传承人

苏广伟 男，1949 年生，高中学历。1969 年进入冶金机械厂从事铸铜工作，此后一直从事与打铜相关的工作。2000 年在恩宁路开了天程工艺品店，生产并经营传统手工打造铜器。他一方面挖掘传统样式，制作“子孙桶”铜制痰盂、莲蓉制作专用铜镬、传统婚礼用铜盆等传统铜器；另一方面不断研发创新，开发出铜鸟笼、铜麻将、铜象棋等适合现代日常生活的用品和艺术品。同时，他还积极对传播西关打铜文化，为复兴西关打铜做出了重要贡献。

西关打铜工艺代表性传承人苏广伟

项目点评

作为一种传统手工技艺，西关打铜在长期的历史发展中，既能继承传统的选材、构形与手工锻造技艺，又能在适应社会发展中不断改良创新，形成了自己的独特风格，是岭南文化的一个典型代表。

西关打铜工艺有多方面的文化价值：保存了传统的打铜技艺，为研究传统打铜技艺提供了活的材料；是传统西关民俗生活的重要载体，记录了丰富多彩的西关婚丧嫁娶、节日、祭祀等民俗活动，是传承和发展西关民俗生活的重要载体；体现了传统的工艺美术的审美特点，具有美学、艺术学价值。

当然，随着全球化和现代化的发展，传统的打铜工艺也遭到了一定的冲击。传统铜器开始逐渐远离人们的生活，变成少数爱好者收藏的工艺品，在很大程度上制约了打铜工艺在今天的传承与发展。

VIII-10　红木宫灯制作技艺

项目名称　红木宫灯制作技艺

入选名录　第三批广东省级名录、第二批广州市级名录

流传地域　白云区

●2.5 米八角大宫灯在白云花市展出（传承人罗昭亮作品）

历史渊源

宫灯，顾名思义，乃宫廷用灯，又称宫廷花灯，是中国彩灯中极富特色的汉族工艺品之一，以雍容华贵、充满宫廷气息而闻名。

宫灯始于东汉。相传，东汉光武帝刘秀统一天下后，在宫廷里张灯结彩、大摆宴席以示庆贺。“宫灯”之名由此而来。东汉宫灯最初由宫廷匠人制作，用于宫廷的日常照明。到了隋唐时期，随着元宵节张灯习俗的发展，宫灯制作技术逐渐从宫廷流入民间，产生了许多各具特色的民间宫灯。

广式红木宫灯的出现，据传最早可追溯到明朝，那时来中国购买茶叶、丝绸、陶瓷等商品的外国商队，为避免空船航行带来的危险，来中国前先用在东南亚低价购买的大量坚硬厚

重的红木来压船。由此，随着对外贸易的发展，进口到广州的红木越来越多，一些擅长木雕的广州艺人便开始尝试用红木制作家具或宫灯。后来，红木宫灯被作为贡品进献朝廷，受到了皇帝的高度赞赏。红木宫灯于是开始风靡全国，并远销往海外。

近代以来，由于战乱、经济衰退等，广州的红木宫灯产业走向衰落，许多手工艺人纷纷转行，原有的行会组织也陆续解散。

1949 年以后，广式红木宫灯曾有过短暂的复苏。改革开放以后，现代灯具迅速发展，而红木宫灯精雕细作的特性使它难以适应快节奏的市场发展。20 世纪 80 年代末至 90 年代初，全国包括广州宫灯工艺厂在内的许多家宫灯厂或倒闭或转行，传统红木宫灯制作技艺濒临失传。

1996 年，出身于木雕世家的罗昭亮在吸取此前宫灯厂运作经验的基础上，结合自己对广式红木宫灯的独特理解，创办了艺华美术工艺厂，专门从事红木宫灯及其他红木小件的生产和制作。在他的精心经营下，广式红木宫灯渐渐焕发了新的生机。

2009 年，广式红木宫灯制作技艺先后被列入广州市第二批非物质文化遗产代表性项目名录和广东省第三批非物质文化遗产代表性项目名录。

●腾龙走马灯

●红木宫灯

基本内容

红木宫灯是集木雕、玻璃和绘画等工艺于一体的艺术品。品种主要有挂灯、座灯、壁灯、提灯、柱灯、风灯、走马灯、子母灯等。制作工艺主要有设计、选材、制作与安装等。

（一）设计

构思设计对整个制作过程有决定性的作用。在制作红木宫灯前，制作者要确定好作品的题材、样式，进而考虑制作方法、材料的选择以及节奏的把控等环节。

（二）选材

广式红木宫灯一般用紫檀木、酸枝木、花梨木、菠萝格木、坤甸木等木材，这些木材质地坚硬，耐用又不怕热烫，且适合岭南地区的气候。木材经过雕刻打磨后，显得色泽自然、典雅华贵。广式红木宫灯一般由灯架、灯片、雕刻花板、穗坠几部分组成。其中灯架和雕刻花板都用红木制作，灯片一般用磨砂玻璃（毛玻璃）制作，磨砂玻璃透光性优良，耐腐蚀、耐热性都比较好。

（三）制作与安装

广式红木宫灯制作过程复杂，大致可分为制作灯架、制作灯片、安装几个部分。

1．制作灯架流程

烘焙：将木料放在烘焙房加温，控制湿度70%，烘焙7—10天。

开料：按产品规格和数量开料。

拉花：按照设计好的图案，在木料上钻孔，以线为锯，拉锯出图案。

雕刻：在拉花好的工件上，雕刻各种图案，传统广式红木宫灯的角多为龙头或凤头。

打磨：用刀具将雕刻成型的工件刮至光洁顺滑，再用砂纸打磨。

上底漆：底漆可以封闭和保护木料，好的工件一般要上两次以上的底漆，每次上漆后还要细打磨，使工件表面更加光滑。

已雕刻宫灯部件

宫灯半成品

2. 灯片制作流程

玻璃开料：按产品规格，把玻璃开料。

喷砂：把已经成材的透明玻璃的一面，通过喷砂机将之打成砂粒表面。

绘画：在喷砂一面，用丙烯颜料手绘山水、花鸟、人物等各种装饰图案。

3. 安装

广式红木宫灯采用榫卯结构，安装时不需要太多辅助工具。安装顺序一般是先固定灯架，然后装垂直挂钩，再安装灯管，接着安装周围的雕刻花板，最后由下往上装上灯片，即完成作品安装。

百鸟朝凤落地灯（传承人罗昭亮作品）

代表性传承人

罗昭亮 男，1941年生，白云区江高镇两下村人。广东省高级工艺美术师，广州美术工艺协会理事，广州市民间文艺家协会会员。他喜爱木雕，自小跟随父亲和叔父学习木工及雕刻技艺，他还自学建筑设计绘图和国画技艺。这些为他从事红木宫灯创作打下了扎实的基础。广州宫灯工艺厂倒闭后，罗昭亮筹款创办了艺华美术工艺厂，生产广式红木宫灯及木雕工艺品。如今，他所设计制作的很多宫灯作品已被国内外博物馆收藏。

红木宫灯制作技艺代表性传承人罗昭亮

项目点评

广式红木宫灯是绘画、木雕和玻璃工艺的集合体，制作工艺特色鲜明。在题材选择上，讲究根据灯的功能来选材，多用山水、花鸟、动物、上古神话、故事传说等传统题材；在造型设计上，以传统六角形造型为基础，注重变化创新；在雕刻工艺上，以通雕为主，兼用浮雕；在画面绘制上，以中国画为基础，融合西洋绘画，注重动静结合等。

广式红木宫灯制作技艺作为一项民间传统手工艺，既是岭南传统手工技艺与岭南绘画、红木文化的结晶，也是我国传统灯文化、灯民俗的一个重要代表，还是我国传统审美理念的重要体现，有较高的文化和研究价值。

VIII–11　广州檀香扇制作技艺

项目名称　广州檀香扇制作技艺

入选名录　第二批广州市级名录

流传地域　越秀区

●檀香扇作品《鱼》

历史渊源

檀香扇制作技艺是一种以檀香木为原材料的传统制扇技艺。

中国早期的扇子就形制而言，有平扇与折扇两大类。宋代以前，扇子的形制以平扇为主；宋代以后，折扇开始流行；明清时期，折扇成为扇子的主流。檀香扇就是明清时期在折扇的基础上演化而来的新扇种，因扇骨、扇面采用檀香木制成而得名。檀香扇因其气味芬芳、清心醒脑，具有防虫防蛀之功效，一经出现就深得人们的喜爱。

广州是中国内地最早进口檀香木的城市之一，明代已有香木大量输入，为檀香扇制作技艺在广州的发展创造了条件。清乾隆二十二年（1757 年）实行“一口通商”政策，广州成为全国唯一合法的对外贸易口岸。鸦片战争后，海外檀香木的大量输入，为广州檀香扇制作提供了丰富的原材料。在制扇方面具有多年经验与精湛技艺的广州制扇艺人，根据海外市场的需求，生产了大量既有中国传统风格又有西洋异国情调的檀香扇。

●檀香扇省级工艺美术大师余润明

广州檀香扇制作技艺通过艺人的口传身授代代流传。民国时期，受长期战乱的影响，很多制扇艺人因生活所迫改行。1949 年后，广州檀香扇制作重新兴盛起来。1955 年，30 多名檀香扇制作艺人组织成立了第一骨木扇社，1958 年改名艺华檀香工艺厂，同年又有清风扇社、雄鹦羽毛扇社成立。1960 年，上述三个扇社合并为清风扇社，檀香扇制作得到稳步发展。20 世纪 60 年代中后期，檀香扇制作因原料缺乏而停滞。为了解决原料问题，檀香扇制作艺人在 1972 年创制了枣檀扇，在

●余润明作品《英雄花》

余润明制作的书法艺术檀香扇

余润明作品《蝶恋花》

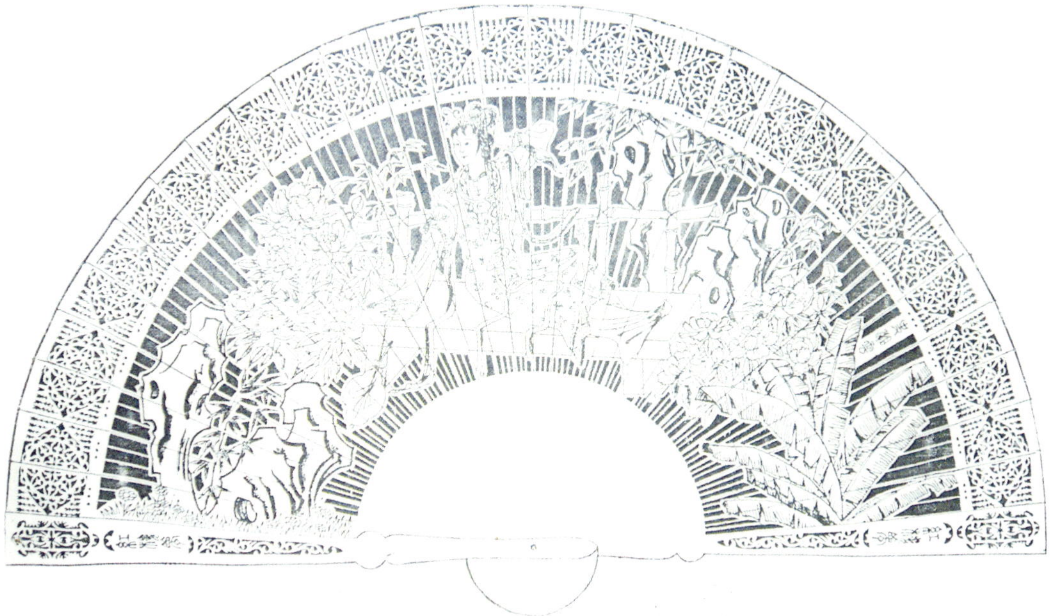

余润明作品《史湘云》手稿

1981 年创制了仿象牙扇和熨花扇，使檀香扇制作技艺得以传承发展。

20 世纪 80 年代前期，是广州檀香扇生产发展的高峰期。檀香扇的制作由手工操作改为半机械生产，并建立了相关质量技术标准，涌现了大量精品，并得了国家、省、市级奖项，产品在海内外热销，受到客户一致好评。20 世纪 80 年代中期，由于檀香木原材料越来越难获得，加之国家不再对檀香扇进行出口统销，广州檀香扇生产再次陷入停顿。2000 年，广州唯一一家生产檀香扇的企业被收编，工人大多被遣散。2009 年，广州檀香扇制作技艺被列入广州市第二批市级非物质文化遗产代表性项目名录。

基本内容

清代广州檀香扇形制以折扇为主，一般分为两种：一种是扇骨和扇面全部用檀香木制成，用丝带加以连缀；另一种是扇骨为檀香木，扇面为纸本或绢本。

檀香扇制作过程比较复杂，有选料、备料、装饰、组装等多道工序。

（一）选料

这是制作檀香扇的第一步，也是决定檀香扇成品质量的关键一步。檀香扇以檀

檀香扇制作工具线锯

香木为原料，檀香木的种类有老山香、新山香、地门香、雪梨香等多种。广州檀香扇主要以油性足、香味浓、质地密的印度老山檀香木为原材料。

（二）备料

即对所选木料进行初步处理，将整块木料锯开，按照扇骨和扇页的大小与厚薄等要求切成小块材料备用。

（三）装饰

装饰工艺分拉花、烫花、雕花、绘花等四种技法，是广州檀香扇制作技艺的核心。

1．拉花。用特制锯条在轻薄的扇片上拉锯出千变万化的图案，是广州檀香扇制作技艺的最大特色。这种锯条只有两张纸叠起来那么厚，要在轻薄的扇页片上拉出数十个到两百多个洞目，构成千变万化的图案，线条细如发丝，精美绝伦。拉花图纹有花卉（包括西洋花卉）、佛手、福、禄、寿、蝶、蝉等纹饰，既有中国特色，也有西洋风情。

开料

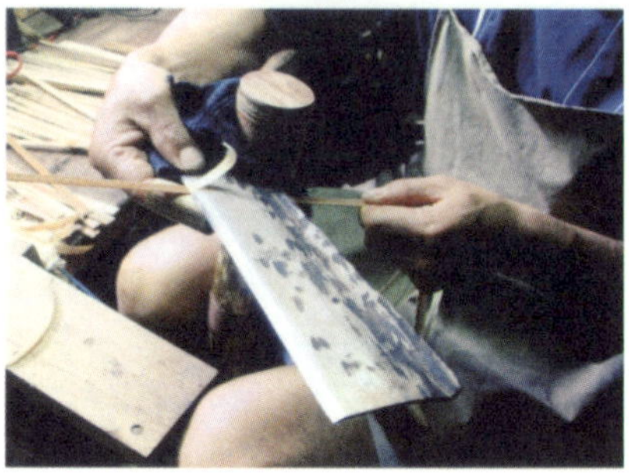
制条

桥料

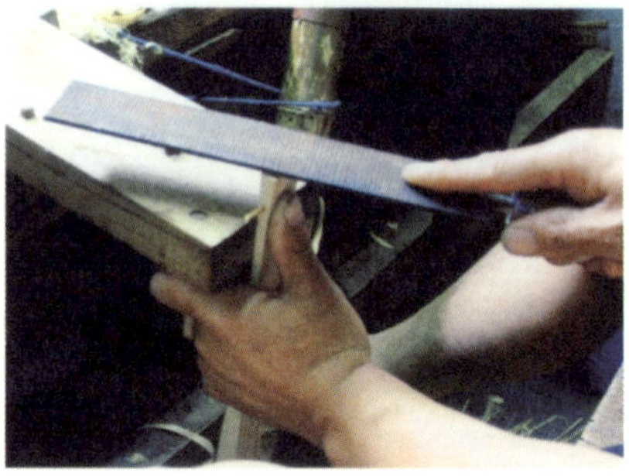
锉头

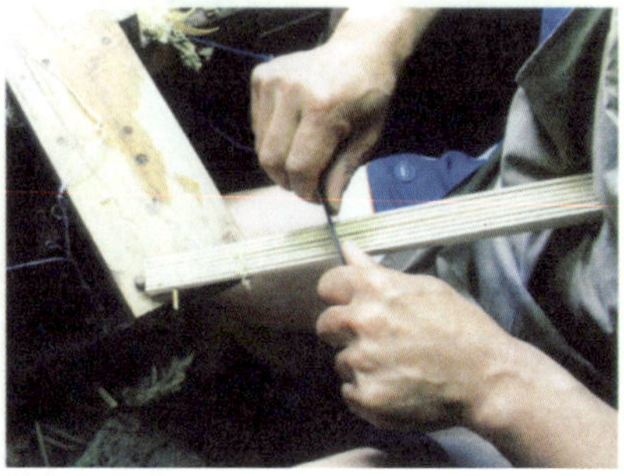
造型

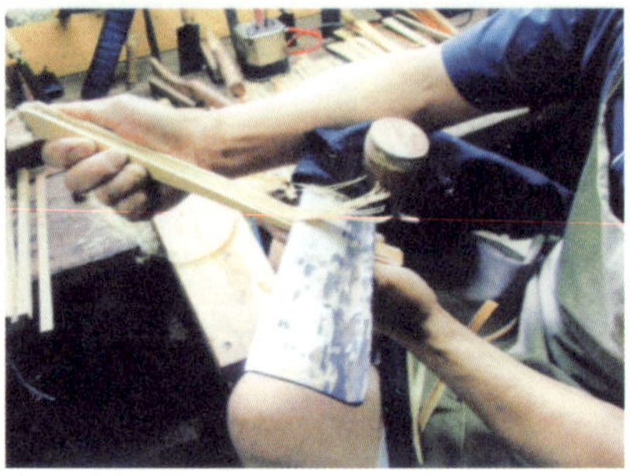
造型

●檀香扇制作流程

2. 烫花。旧时，在铁笔中穿上一块烧红的炭，利用传导至铁笔上的火温烫画。现在，用特殊的电笔在扇骨上画出深浅、浓淡不一的枯焦色的图画。烫花题材多为戏剧人物、花鸟鱼虫、山水风景等，具有浓厚的古典意蕴。

3. 雕花。在檀香扇两旁的大骨上运用镂通雕、深浮雕、高浮雕等技法雕刻人物、山水、花鸟等纹饰，具有岭南特色。

4. 绘花。在纸本或绢本的扇面上书写或绘画（仕女、山水、花鸟等），技法与意境同传统书法和绘画多有相同之处。20 世纪 50 年代，余润明曾创造性地在檀香扇上表现中国传统书法艺术，是对檀香扇传统题材与工艺的一大突破。

(四) 组装

按规格组装扇骨、扇面，穿缀丝带，是制作檀香扇的最后一道工序。

裱制扇面

折裥

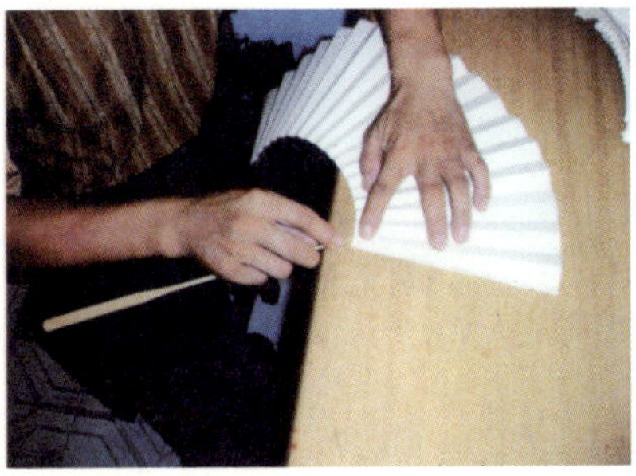

通空

裁切

沿边

成品

●扇面装裱流程

项目点评

广州檀香扇的制作除了原材料来自海外，题材和风格、技艺等也深受西方文化的影响，是广州对外文化交流的见证。

檀香扇制作艺人用“四花”技艺，在小小的扇子上雕镂出佛手、福、禄、寿、蝴蝶、花卉等图纹，使檀香扇有很高的艺术价值。

广州檀香扇以进口檀香木为原材料，气味芬芳、清心醒脑，具有防虫防蛀之功效，既有保健功能又有收藏价值。

今天，由于原材料匮乏等，广州檀香扇制作技艺传承发展遇到较大困难。如何在继承传统的基础上适应时代需求进行创新发展，是广州檀香扇制作技艺传承要努力解决的问题。

VIII–12　广式腊味制作技艺

项目名称　广式腊味制作技艺

入选名录　第二批广州市级名录

流传地域　广州市

皇上皇腊味

历史渊源

腊味，即腊肉，泛指风干或烘干的肉。腊味制作在我国有悠久的历史，相传周朝已经有专门负责制作腊味的“腊人”。《周礼》有“腊人掌干肉，凡田兽之脯腊……”的记载。到了汉代，腊味制作更为普遍，汉墓及汉代画像石中就有不少腊肉制品的图像。此后，历代都有关于腊味制作的文献记载，并且形成了不同的腊味制作地方流派。

广式腊味制作技艺是经过长期实践、改进而形成的。早在唐宋年间，阿拉伯人和印度人来广州传经或经商时就携带有灌肠类的食品。此后，广东从事肉食加工的商人便在传统腌制工艺的基础上吸收外来产品的制作经验，经过不断研究创新，遂发展为当今的广式腊味制作技艺。

广式腊味的代表皇上皇腊味创始于 1940 年，皇上皇腊味店原址在广州的海珠南路，由挑担小贩谢昌所创，原名为东昌腊味店，初期主要销售东昌金牌老抽肠。1943 年，易名为东昌皇上皇腊味店。1947 年，又在下九路增开一间东昌皇上皇腊味店。至此，海珠南路店铺被称为“上东昌”，下九路新店被称为“下东昌”；到 1949 年，皇上皇除了扩充海珠南老铺和增开下东昌分店外，还开设了太平路皇上皇为记分店等。

1956 年，公私合营后海珠南路店撤销，只保留下九路店，而太平路的分店，因经营项目已逐步改为冬天售卖云吞面，夏天经营雪糕、冷饮，而被并入了饮食行业。在此后几十年中，皇上皇又几易其名，在 1986 年 1 月更名为皇上皇肉食制品厂，厂址设在广州宝岗路马涌桥附近。

•皇上皇牌匾

•21 世纪初的皇上皇腊味店

•20 世纪 90 年代初的皇上皇腊味店

基本内容

广式腊味制作品种丰富，主要有生抽肠、老抽肠、鸭肝肠、瘦肉肠、猪心肠、冬菇肠、鱿鱼肠、玫瑰肉肠、牛肉肠、金银润、五花腊肉、酱封肉等几十种。腊肠和腊肉是广式腊味的代表。

一、广式腊肠

广式腊肠的制作原料为猪肉，一般用后腿肉（瘦肉）和肥膘肉（肥肉），辅料有糖、酒、食盐、酱油、肠衣等。制作流程分为切肉粒、灌肠、烘干、包装等几个步骤。

1. 切肉粒。是指用刀把肉切成小粒状的工序。在切肉粒时，要剔除筋膜后再切，

•皇上皇腊肠

切成肉粒后，用竹箩盛肉漂洗。传统切、洗全为人工，现多用机器代之。

2. 灌肠。就是把切好的肉粒用盐、糖、酒、生抽等腌制后装入肠衣。灌肠包括两项技艺：一是腌制，即腊味师傅根据经验给肉粒加入适当的盐、糖、酒、生抽等辅料，进行调味、腌制，辅料及其比例不同，腊肠的风味就不同。二是灌肠，即用漏斗等器具将腌制好的肉灌装进肠衣，以装得满、匀为标准。肠衣灌好后，要用水草或麻绳按标准尺寸把肠子分小段扎起来，灌肠工序才算完成。传统的灌肠全靠经验和手工操作，现在多采用定量分析和机器装填，生产日趋标准化和规范化。

3. 烘干。就是把灌装好的肠通过日晒、风吹、烘烤等方式，使其脱水干化的工序。传统的烘干方法是，先将灌好的肠挂在露天棚架上风吹日晒，半天后转移到烘房棚架上用火盆烘烤，温度和时间由师傅根据经验来把握。现在主要改用机器烘干。

4. 包装。传统腊肠以散装为主，销售时往往用水草绑扎，或用纸简单包装，也有用印有本店招牌的红纸包成扁平方形来销售的。现代包装多采用真空包装，延长了腊味的保质期和销售期。

二、广式腊肉

广式腊肉一般采用猪中方肉制作。具体方法是：将原料肉上的骨头剔除，保证原料肉上没有碎骨残留。将处理好的肉切成需要的大小后，漂洗 2~3 次。在木盆或陶缸内放入各种辅料并搅拌均匀，待完全溶解后，将肉条投入，浸 8 小时，每隔 1~2 小时上下翻动一次，使肉条充分吸收辅料。腌透后捞起，在肉条一端穿孔后穿上麻绳，悬挂晾干。然后放入烘房进行烘焙，一般烘烤 72 小时左右，以皮干肉硬出油为佳。将烘烤好的腊肉称量包装，即可检验入库，或进行销售。

• 皇上皇腊肉

代表性传承人

刘永强 男，1966 年生，毕业于华南理工大学食品工程专业，1989 年至今任职于广州皇上皇集团有限公司肉食制品厂，现任该厂党总支书记、常务副厂长。20 余年来一直主管广式腊味工艺、生产和质量等方面的工作，在发扬传统工艺的基础上，对灌制、烘焙等生产环节进行技术革新，完成了皇上皇腊制品标准化生产的预期目标，为广式腊味的现代化传承奠定了基础。在他的带领下，"皇上皇"荣获"中华老字号""广东岭南特色食品"等多项荣誉称号。

• 广式腊味制作技艺代表性传承人刘永强

项目点评

广式腊味以腊肠为主，俗称风肠，因其制作讲求风干而得名。广式腊肠选料上乘，工艺精湛，猪肉选料只用后腿肉和肥膘肉，酒选用纯正的玫瑰露酒，还选用自晒的生抽和老抽，使腊味真正具有"豉味"（酱油香）、"风味"（腊味香）、"香味"（烧酒香）。广式腊味味道偏甜偏鲜，常用来焗饭或配着素菜炒，粤菜中的"不咸就鲜"在腊味中体现得淋漓尽致。

广式腊味制作技艺是在继承传统的基础上，吸收外来产品的经验，经过不断实践、改善而形成的，是广州文化交融的真实写照。"秋风起，食腊味。"就是说每年农历立秋之后，北风送爽时，广州人开始制作腊味。腊味是广州人的传统美食，也是过春节时采购的重要年货之一。广式腊味加强了人们对地方民俗的记忆，增强了文化认同感，巩固了人与人之间的联系纽带。

VIII-13　小凤饼（鸡仔饼）制作技艺

项目名称	小凤饼（鸡仔饼）制作技艺
入选名录	第四批广东省级名录、第二批广州市级名录
流传地域	海珠区

• 小凤饼

历史渊源

小凤饼，又名鸡仔饼，是广东四大名饼之一。

小凤饼的起源与成珠酒楼密不可分。清乾隆十一年（1746年），广州西关首富伍紫垣为宴饮宾客而建了成珠馆（即成珠楼），后来在其中诞生了小凤饼。小凤饼来源有两种传说，一说伍紫垣有个婢女叫小凤，巧于烹调。平日喜欢用宴客剩下的菜肴加些梅菜压成饼块烘干，以备忙时充饥。一日主人宴请一位外地客人，碰巧点心师傅不在，小凤急中生智，把平时储藏的这种干饼拿出来招待客人。客人尝后大加赞赏，忍不住问此饼何名，由于此饼为小凤巧制，伍紫垣便随口说是"小凤饼"。此后，伍紫垣命师傅如法炮制，小凤饼便流传开来。另一说"成珠小凤饼"是由梁氏祖传，"小凤"一名来自其酷似小鸡的外形。传说某年，成珠楼中秋月饼滞销，制饼师傅急中生智，按梁氏小凤饼的方法制作，把搓烂的月饼和菜心混合为馅料，再调以糖、南乳、蒜蓉、胡椒粉、五香粉和盐，又掺和冰肉（腌制的肥猪肉）和榄仁，使饼身脆化、可送茶下酒，制作出甜中带咸、甘香酥脆的新品种"成珠小凤饼"。其后成珠酒楼对其不断改进，务求精制巧作，并改进包装，使产品远销东南亚。后成珠楼将小鸡图案注册为“小凤饼”的商标，意在迎合将鸡雅称作凤的民间习俗。

伍氏衰落后，成珠馆转让吴氏，易名为“成珠饼家”，后又兼营茶楼、外卖，之后又数易其主。至清咸丰年间，被改造成两层茶楼。清光绪年间，馆归梁氏所有，主持人是梁殿华。成珠楼的正式发展，便是从这个时期开始的。他们聘请名师，严格保证饼饵质量，并注意改革包装，在国内外进行广告宣传，同时还把酒楼里里外外修饰一新。

1914 年，成珠小凤饼获准进行商标注册，保障了产品专利。1921 年，孙中山就任中华民国非常大总统，广州市组织庆祝游行，成珠楼的员工举着有小鸡标志的“成珠小凤饼”牌匾参加游行活动，从此小凤饼即以小鸡为商标。1931 年小凤饼获广州市国货展览会银奖。日军占领广州时期，成珠楼曾一度歇业。1940 年后重新开业。

1959 年，成珠小凤饼的制作配方向社会公开。1985 年 10 月 9 日，南华中路成珠楼被大火烧毁。1990 年 1 月，成珠酒家正式开张，同年获得中华人民共和国国内贸易部颁发的“中华老字号”称号，并开设了南华东路和荔福路分店。1997 年，成珠小凤饼获得由中国烹饪协会颁发的“中华名小吃”称号。此后成珠酒家生意开始走下坡路。2000 年 9 月，由于背负多重债务无力偿还，成珠酒家关门结业。2002 年，几名成珠楼的老员工在成珠楼旧址对面开了一间“成珠饼家”，继续制作销售小凤饼。

成珠小凤饼门店

成珠小凤饼获得“中华老字号”和“中华名小吃”称号

成珠小凤饼牌匾

基本内容

广东小凤饼（鸡仔饼）制作以成珠小凤饼为基础，经过多年发展，演变出单皮鸡仔饼、夹心鸡仔饼等多种制法。

一、成珠小凤饼制作

（一）原料

面粉 250 克，冰肉 10 克，榄仁、芝麻仁、瓜子仁各 5 克，白糖 300 克，潮州粉 15 克，花生油 150 毫升，烧酒、五香粉、胡椒粉、盐等适量。

（二）制作流程

首先，将猪肥膘肉切成 0.4 厘米方粒状，加白糖 100 克、盐 2 克、烧酒少量拌匀，腌制 2 个小时。因腌成之后的肥肉雪白如冰，莹润透明，故这个步骤被称为“制冰肉”。然后，将潮州粉置盆中，加入榄仁、芝麻仁、瓜子仁、五香粉、胡椒粉、花生油、盐拌匀，与腌制好的冰肉混合拌成馅料。将面粉置案板上，加入馅料、花生油 150 毫升、白糖 200 克，调和成糖油酥面团，蘸碱水揉光润。将油酥面团搓成长条或压平再进行切割，制成数个 20 克重小块，逐个按扁，拍成饼坯。最后，将拍好的饼坯码入烤盘，中火烤 12 分钟即成。

•小凤饼配料

•小凤饼拍饼坯

•放入烤盘的小凤饼饼坯

•入炉烘烤

•新鲜出炉的小凤饼

●包装后的小凤饼

二、单皮小凤饼制作

（一）原料

面粉 250 克、花生 5 克、瓜子仁 5 克、白芝麻 5 克、核桃 5 克、冰肉 10 克、蛋黄 1 个、糕粉 15 克、碱水 5 克、清水 50 克、白糖 50 克、糖稀 200 克、麦芽糖 50 克、胡椒粉 5 克、盐 5 克、色拉油 50 克。

（二）制作流程

花生炒香切碎，白芝麻炒香，瓜子仁、核桃切碎，加入糕粉、冰肉、 胡椒粉、盐拌匀做成馅料。面粉加入白糖、糖稀、麦芽糖、色拉油、碱水、清水，揉匀成光滑的面团，揉成条，切割成 40 克一个的小块，擀薄，放入馅料包好；刷上一层蛋黄液，放入烤箱中，用面火 220℃、底火 200℃，烤 25 分钟左右即可。

三、夹心小凤饼制作

（一）原料

饼皮原料，包括低筋面粉 300 克、小苏打 10 克、鲜蛋黄 20 克、麦芽糖 200 克、猪油 75 克、生油 100 克、白糖粉 200 克等；馅原料，包括冰肉 2000 克、蒜蓉 40 克、五香粉 20 克、鸡粉 10 克、曲酒 30 克、榄仁 250 克、麻仁 100 克、南乳 40 克、食用盐 30 克、生油 50 克、低筋面粉 300 克等。

（二）制作流程

将低筋面粉、小苏打、鲜蛋黄、麦芽糖、猪油、生油、白糖粉混合搅拌，制成饼皮，静置 15 分钟。将冰肉、蒜蓉、五香粉、鸡粉、曲酒、榄仁、麻仁、南乳、食用盐、生油混合搅拌均匀，加入低筋面粉制成馅料。按皮 30%、馅 70% 的比例进行分件包制，包制好的生坯用手压成鸡冠头状放入烤盘里扫两次蛋液后进行烘烤，用面火 190℃、底火 160℃，烘烤 20 分钟。然后取出再扫一次生油，烘烤 2 分钟即可出炉。

代表性传承人

薛锐明 男，1958 年生，高中学历。1978 年进入广州市海珠区洞天酒楼学习制作点心技艺。1986 年成为海珠区饮食服务公司点心教研组成员，在此期间与同为教研组成员的成珠楼点心师周焯、洞天酒楼点心师张昌等前辈一起从事教研工作，并得到他们的指点。2001 年成立名珠糕点加工场。薛锐明用自己的勤奋与钻研，对成珠小凤饼从配方到制作技艺都进行合理的改良，使如今的小凤饼甘、香、酥、脆，色泽金黄、油润，深受消费者的喜爱。

小凤饼制作技艺代表性传承人薛锐明（右）与徒弟一起拌馅料

项目点评

广东小凤饼作为广东四大名点之一，在制作上有自己的特色。一是坚持全手工制作。二是技艺要求精准，要拿捏好分量和火候。三是配料独特，营养成分合理。四是制作方法不断创新。小凤饼有地道广州风味，在老广州人心中有不可替代的地位，小凤饼及其传说，是广州人民俗生活的组成部分，是我们了解广州、了解广州人精神世界的一扇小窗。小凤饼独特的制作技艺，也是我国点心制作技艺的代表，具有重要的历史和科学价值。

VIII-14 广式莲蓉饼食制作技艺

项目名称 广式莲蓉饼食制作技艺

入选名录 第四批广东省级名录、第二批广州市级名录

流传地域 广州市

历史渊源

广式莲蓉饼食是一种以莲蓉为主要馅料的特色点心，由广州莲香楼的创始人陈维清创制。

清光绪十五年（1889 年），陈维清在西关第十甫路连登巷口创办连香糕酥馆，主要经营松糕、煎堆、大发、红包、响糖等敬神及婚嫁回礼食品。当时西关一带是繁华商业区，住户多是富裕人家，对饮食颇为讲究。各食肆为求生存和发展，争相创制特色食品。陈维清在一次喝莲子糖水时受到莲子清香的启发，开始潜心研制莲蓉。他经过多次试验，最终研制出色泽金黄、幼滑清香的莲蓉，并将莲蓉馅料应用于嫁女饼等多种饼食中。独具风味的莲蓉食品一经问世，很快便声名远播，供不应求。

广州第十甫路的莲香楼（20 世纪 40 年代）

■莲香楼广告

清光绪三十四年（1908 年），“茶楼王”谭新义等 9 人收购连香糕酥馆及相连房地 350 余平方米，改建成茶楼，取名“连香楼”，并聘用陈维清主理“蓉口”（即莲蓉、豆沙等馅料）。清宣统二年（1910 年），佛山翰林学士陈如岳品尝了连香楼的莲蓉食品后，有感于其独特风味，提议把“连”改成“莲”，并手书“莲香楼”三个大字。店家把陈如岳的题字制成金漆牌匾，悬挂在正门之上。此牌匾题字雄浑，制作简洁而庄严，后毁于“文化大革命”。现在莲香楼所挂招牌为复制品。

莲香楼作为莲蓉创制者，以其产品味道清香、甜而不腻，在民间有“莲蓉第一家”之称。1918—1928 年，又先后在香港最繁盛的地段皇后大道中、旺角开了两家莲香楼。1945 年抗战胜利后，莲香楼重新改建，扩大经营，在茶市之外增加酒菜筵席饭市。1970 年一度停业；1984 年，再次装修改建。1993 年被授予“中华老字号”称号。1998 年又被评为“国家特级酒家”。

基本内容

一、广式莲蓉制作技艺

广式莲蓉饼食制作的关键是莲蓉，莲蓉是莲香楼莲蓉饼食制作的核心。

●莲香楼出品的莲蓉馅

制作莲蓉的原料是莲子、白糖和花生油，以当年产的湘莲、进口白糖和现榨的花生油制作莲蓉为佳。莲子要用刀层层剥开，取出莲子仁并剔去莲心（绿色胚芽）才能食用。

莲蓉制作是晚清陈维清发明的。最初的制作方法是把莲子洗净、去芯，放在铜镬里煮至松软后捞起、磨碎，再放进煮沸的花生油和白糖里边煮边不停地搅拌约 2 小时，直至莲蓉成形。但这样制作出来的莲蓉色泽不亮，有苦味。后来，他发现用按适当纯度和比例调配的枧水洗莲子衣，可改善色泽、去除苦味，又不影响莲子香味，同时，他调节蒸煮火候以改善莲蓉的色泽和口感，最终研制出制作莲蓉的最佳方法。

●莲香楼出品的莲蓉月饼

现在的莲蓉制作技艺是在陈维清基础上总结发展而来的，一般由洗莲子（即枧水洗莲子，去皮）、通莲心（把莲子泡在冷水里，去除莲心）、煮莲子、磨莲蓉（用类似擀面棍的“酥锤”或石磨把莲子磨碎至没有颗粒，再用密竹筛过筛）、铲蓉（按 5000 克莲子配 2500 克花生油、7500 克白糖的比例，将花生油和白糖放进铜镬里煮沸，再加入磨好的莲蓉，用文火煮约 2 小时）等环节构成。

由于莲蓉生产难度大，直至 20 世纪 50 年代莲香楼一直是广州市内唯一向各大宾馆、酒家供应莲蓉的厂家。此后，莲香楼的铲蓉师和制饼师招炳南等在洗莲子、磨莲蓉、铲蓉等工序以及配料制作、糖浆制作等方面有所革新。20 世纪 70 年代后期，莲香楼首先研制了不锈钢夹层油镬，减少了莲蓉出现焦块的现象。20 世纪 90 年代，莲香楼又进一步将夹层油镬改进为导热油镬，从而使莲蓉色泽更加稳定。

莲香楼出品的嫁女饼

二、嫁女饼制作技艺

以莲蓉为主要馅料，莲香楼发展出许多饼食品种，其中最有代表性的是嫁女饼和月饼。

顾名思义，嫁女饼就是嫁女时用的饼食，广州的嫁女饼也叫“绫酥”，一般由男方在过礼时送到女方家中，女方再分赠亲朋好友，俗称“派饼”。嫁女饼品种繁多，并且各有寓意。红绫酥以莲蓉或豆沙做馅，象征喜庆；橙绫酥以冬瓜蓉或椰丝做馅，象征生活美满；黄绫酥以豆蓉做馅，象征富贵；白绫酥以五仁（五种干果仁）、叉烧、芝麻糖做馅（后者俗称“冰花白糖饼”），象征新娘的贞洁。四色绫酥通常同置于一个礼盒内，是为“四喜”。莲香楼的嫁女饼一直是广州女子出嫁的首选。

嫁女饼的制作包括制作“水油皮”（又称“绫皮”）、包馅、烘烤等流程。

1. 制作水油皮。在5000克中筋面粉中，放入猪油1500克（由于猪油胆固醇含量高，现多用起酥油代替）、清水2000克，搓揉至起筋成柔软的面团，即为“水皮”。在5000克低筋面粉中，加入2500克猪油，搓揉成团，即为“油酥”。把水皮与油酥分别切成小块，其体积比例约为5∶3。用水皮包住油酥，用酥棍擀成长条形后，卷成筒形，折叠三次成团状，再用酥棍擀成碗口大小的圆形饼皮。

莲香楼出品的嫁女饼

2. 包馅。把莲蓉馅料分成小块，包进水油皮后封口。如果做“四头”的嫁女饼，就要用包油角的方法在饼的边缘锁一道花边。

3. 烘烤。根据饼的大小，用200℃—220℃烘烤15—20分钟。

擀制水油皮

项目点评

以莲香楼为代表的广式莲蓉饼食制作，是把传统莲子文化与饮食文化相融合的产物，具有独特性。广式莲蓉饼食的馅料重在味道和口感，制作工序繁多、精细。广式莲蓉月饼饼皮大致可分为糖浆皮、水油皮、重油皮、重油酥皮等几大类，在原料成分和比例、揉面手法和时间等方面都十分讲究。以莲香楼莲蓉月饼为代表的莲香饼食与粤地的文化传统息息相关，反映了岭南人无穷的想象力和创造力。

广式莲蓉饼食传承着岭南独特的饼食文化及相关的茶楼文化、节俗文化、婚俗文化，是对岭南地域性文化的活态记载。莲香饼食以及与之相伴的茶楼文化，寄托了广州人太多的回忆，对于广州地域文化的传承具有重要的作用，是广州人生活的一部分。

VIII–15　沙河粉传统制作工艺

项目名称　沙河粉传统制作工艺

入选名录　第四批广东省级名录、第三批广州市级名录

流传地域　广州市

历史渊源

沙河粉是一种米制食品，是岭南地区独具特色的地方小吃，因始创于广州沙河而得名。关于沙河粉的由来，有三种传说。

一说清末时，一对来自东江的客家新婚夫妇，居住在现广州沙河一带，他们每逢圩日就用稠米浆蒸些粉糕出售。一次，生意特别兴旺，粉糕已经全部售空，恰巧她的丈夫又带来不少客人，新娘子情急之下，看到石磨旁的瓦盆里存有少量稀米浆，便急忙把米浆倒在簸箕上放进锅里蒸，蒸熟后切成条状，佐以香菜、调料给客人吃，食客连声叫好。于是次日继续

五色沙河粉

●沙河粉村牌匾

试做，“新品种”竟然成为独家美食，食客如云，应接不暇，生意越做越红火。但食客均不知此种白而透明、韧而爽滑、口感极好的东西叫什么、是怎样做出来的，便有人前去问那新娘子。心灵手巧的新娘子说：“用沙河水和大米磨成蒸粉糕那样的稀米浆蒸出来的。”于是“沙河粉”这个名字就这样叫开了。

二说一百多年以前，一些以打石为业的东江客家人，从粤东一带来到广州沙河谋生，这些打石的客家人，家家户户都有一台石磨，他们用石磨把大米磨成粉，调以源于白云山泉的沙河水，蒸出薄韧爽滑的“水粄”。客家自古以来称这种食品为“水粄”。他们在墟地街（今沙河大街）一带开设了不少经营水粄的夫妻店。由于水粄价廉物美，人人爱吃，生意越做越旺。随着时间的推移，小店发展成了作坊，水粄制作工艺也日臻精巧，水粄的名声越来越大，越传越远。由于水粄是用源于白云山泉的沙河水调以大米磨成的粉加工而成的，当地人就称其为“沙河粉”，或简称“河粉”。

三说清朝末年，广州北郊沙河镇上有家义和居小食店，店主叫阿香。一天早上，店门口来了一位衣衫褴褛的老人，有气无力地倒在门前青石上。阿香心起恻隐，便叫妻子送去热粥。谁知以后，老人几乎天天出现，阿香夫妻也不嫌弃，照样施舍。忽然有天，阿香得病，茶饭不思，小店只好歇业。老人得知阿香病情时，便说：“阿香哥粒米难进，病自然难愈，今天就让我做碗好吃的给他开胃吧！”只见老人用从山上引来的泉水浸泡大米，熟练地磨好米浆、烧好开水，然后把米浆薄薄地舀进竹匾上蒸。一会儿，米浆蒸成粉皮，老人揭皮切条，加葱盐香油，送到病人床前。阿香顿时食欲大开，几碗下肚后，病情果然好转。原来那老人竟是宫中御厨，只因性格耿直，得罪慈禧太后，侥幸逃出北京，自此隐姓埋名，四处躲避追捕。老人说：“此粉出在沙河，就叫沙河粉吧！”言毕就走，以后再也不见踪影，但义和居的“沙河粉”却从此出名了。

到了民国年间，沙河镇已成了远近闻名的沙河粉产地，较有名气的沙河粉店有义和居、福安居、泉珍、同心等，一般都是夫妻小店。由于战乱、人口迁徙等，此小吃工艺传到了广西、福建和东南亚等地。1956 年，政府将沙河镇的几家小店合并成沙河大饭店，从此开始独家经营沙河粉。20 世纪 70 年代，沙河大饭店被定为广州市对外接待的定点饭店后，不断有新品种推出，配制出咸、甜、酸、辣、苦五味俱全的沙河粉套餐，真正让沙河粉成为广州驰名的传统小吃品牌，在海内外都拥有相当高的知名度。

2002 年，沙河大饭店结业后，广州市耀华沙河粉村饮食有限公司传承了沙河大饭店沙河粉的制作工艺，使其得以传承发展。

沙河大饭店在九龙泉取水

沙河粉制作工序流程图

基本内容

沙河粉是用大米磨成稀浆蒸制而成的，传统制作工艺十分严格，主要有五道工序，即：用水、选米、磨浆、蒸粉、烹饪。

1. 用水。浸泡大米和磨粉浆所用的水以山泉水为上乘。

2. 选米。米一般用黏米，最好是晚造稻米，晚造稻米硬度较高，且具有浓郁香气，以开平产的钢化黏米为最优。

3. 磨浆。以连州青石做石磨，磨出的粉浆细滑、柔润、洁白。磨浆时要控制水量和水速。

4. 蒸粉。一般用竹窝篮上浆，因为不吸水、不起刺，蒸出来的粉干爽、幼滑。上浆时，将米浆倒在窝篮上，制粉师傅快速转动窝篮，将粉浆均匀挂在窝篮上，形成薄薄的一层，随即放入锅上加盖蒸，不到一分钟即可蒸熟。蒸好的粉皮洁白如雪，柔滑如丝。待冷却后切成条，爽滑柔软的沙河粉就做成了。

5. 烹饪。沙河粉可以干炒、湿炒、泡食（汤粉）、凉拌，可以做成一道道方便美味的家常小吃。现在还有沙河粉专席，除咸食、甜食外，还有用各式果蔬榨汁制成的彩色沙河粉，色彩缤纷，味道各异。炒河粉讲究“镬气”，在广州，人们认为炒河粉是非常考验粤菜师傅基本功的菜式。

•磨浆

•摇浆

•蒸粉

•切粉

代表性传承人

区又生 男，1964年生，15岁时就在街头制作米粉。他曾跟随多位老师傅学习并掌握了沙河粉的传统工艺。1995年，他开办流花粥城，将沙河粉作为主打菜式。2003年，他开办广州市耀华沙河粉村饮食有限公司，作为经营沙河粉的实体店，传承发展沙河粉制作技艺。区又生在沙河粉制作上，既重视食材和工艺的质量，又善于创新，研制出五色沙河粉、日式手卷三文鱼沙河粉、芝士焗粉挞等菜式。

■ 沙河粉传统制作工艺代表性传承人区又生

■ 各色沙河粉菜式

项目点评

沙河粉传统制作工艺是发源于广州沙河镇的小吃制作技艺。历经百年传承，至今仍然具有生命力。沙河粉传统制作以纯手工为主，选材精良，工艺复杂，体现了广州传统文化中“食不厌精”的特点。

沙河粉作为广州传统食品制作技艺的一个代表，充分表现了广州食品制作讲究食材、技艺精细的特点，而且展现了以广州为代表的岭南美食文化的特色，具有多方面的文化价值。

VIII–16　莲香楼广式月饼传统制作技艺

项目名称	莲香楼广式月饼传统制作技艺
入选名录	第四批广东省级名录、第三批广州市级名录
流传地域	广州市

● 莲香楼广式月饼

历史渊源

莲香楼把莲蓉当作各种糕点的馅料，在清代就创制出了新的月饼类型即广式莲蓉月饼。莲香楼生产的莲蓉月饼，饼皮柔软滋润，油润光亮；馅料莲味清香，甜而不腻。

1955 年，莲香楼开始出口“珠江桥牌”莲蓉月饼到香港。二十世纪七八十年代，莲香楼的莲蓉月饼开始独占鳌头，引领广式月饼的生产潮流，并且成为行业的生产标准。1987 年，莲香楼以风味独特的莲蓉月饼出口美国、英国等欧美国家。1989 年又有纯正莲蓉馅和枣蓉馅

•20 世纪 50 年代出口的珠江桥牌月饼

•莲香楼产品

月饼出口港澳，并远销至欧美、东南亚地区。2001 年莲香楼双黄白莲蓉月饼被评为“第七届中国月饼节名牌月饼”；2004 年莲香楼获得第二届广东国际月饼节金奖（纯正双黄莲蓉月饼）；2005 年莲香楼被评为年度中国十佳月饼品牌——“国饼十佳”； 2010 年莲香楼的双黄白莲蓉月饼被评为“金牌月饼”。

基本内容

广式月饼种类繁多，主要分为莲蓉馅和杂馅两大类，以莲蓉最为传统。广式月饼馅料以白莲蓉、红豆沙、鲜豆蓉、果蓉、枣蓉、五仁、咸蛋黄为主，其特点是皮薄馅靓，滋润柔软，味美香醇。

莲香楼的月饼生产在煮制馅料、咸蛋黄烤制、制作饼皮、打饼、烘烤等工序中有独特的制作技艺，是广式月饼制作技艺的代表。

（一）莲蓉馅料制作技艺（详见前文广式莲蓉饼食制作技艺）

莲蓉是莲香楼广式月饼的重要馅料，也是特色所在，最初由莲香楼创始人陈维清所发明，经百年发展、创新而形成一套严格的标准和程序，包括选料、洗莲子、通莲心、煮莲子、磨莲蓉和铲蓉等流程。

（二）咸蛋黄选择与烤制技艺

莲香楼的莲蓉月饼多数要加蛋黄，叫蛋黄莲蓉月饼。其所用蛋黄的选择和制作上也有一定的讲究。一般而言，蛋黄要用“够身”咸鸭蛋，即蛋的咸度与腌制时间均足够。判断的标准就是看咸蛋黄能否“过仙”。在玻璃杯里打一个咸鸭蛋，其蛋黄会被蛋清浮起，并

●莲香楼招炳南师傅工作场景

●月饼饼模

●称重

可以把轻轻放下去的“铜仙”（硬辅币）不沾蛋黄地拉过去。选咸蛋后，还要对咸蛋黄进行烤制，即把咸蛋黄取出，洗干净，放进烘烤炉烤到两三成熟后，取出摊开凉透。在烘烤过程中要把握好火候，若烘烤得太熟，咸蛋黄的油就会流失，莲蓉就不能吸收咸鸭蛋油分。

（三）饼皮制作技艺

广式月饼的饼皮多为糖浆皮，这是广式月饼区别于北方月饼和潮州月饼的重要元素之一。糖浆皮的含油量低，主要用面粉和特制的糖浆调和而成，韧性和可塑性好，还可以防止月饼馅心的水分和油脂大量地往外渗透，避免月饼干身、走油、走味。

糖浆是用糖和水熬制的。在煮制糖浆时，要不停地铲翻，同时要注意把握火候，按照猛火—温火—慢火的顺序煮制 1—2 小时。煮制好的糖浆须移送到另外一个白铜锅里，以便冷却；其后，用网膜过滤，去除杂质。糖浆熬制好后，需要在阴凉的地方放置一个月，以达到纯化。

饼皮要做得美观可口，应先把糖浆放在一个锅里，再放入枧水和油拌匀，然后和面，饼皮成品的颜色才会更鲜艳，香味更浓郁。一般是手工和面，制作出来的饼皮较柔软。

（四）打饼技艺

把糖浆皮搓成长条，分成重约 35 克的小块，然后擀成圆形薄片。把莲蓉馅料也分成小块，每块包裹一到两颗咸蛋黄，馅料约重 150 克。把包裹了咸蛋黄的莲蓉揉成球状，用饼皮包住，封口。在饼皮和饼模上各撒少许面粉，把饼坯放进饼模内，用力压紧、压平。力度均匀地在饼模侧面、正面、反面各叩一下，饼坯即可脱模。

（五）烘烤技艺

把脱模的月饼整齐地排列在金属盆里，向月饼饼面喷水后，送入烘烤炉进行烘烤。烘烤时要注意把握好时间和火候，否则会影响月饼饼皮的颜色。制作广式莲蓉月饼需要烘烤两次。一般第一次烘烤的时间约为 10 分钟。为了防止月饼表面的干粉变色，在烘烤前要喷水。烤制10分钟后，月饼便成了金黄色。此时，把月饼从烘烤炉中取出，然后在月饼的表面刷两遍蛋浆。之所以要进行刷蛋浆这一工序，是因为月饼经过第一次高温烘烤以后，受热膨胀，水分蒸发。刷蛋浆可以增加月饼饼皮的光泽，更加金黄亮丽，同时也可以使月饼的色泽更加均匀。刷蛋浆用的蛋浆要稠度适当，如果太稠，会造成烘烤时饼皮着色过深，并影响饼面花纹的清晰度；如果太稀，会使烘烤时饼皮着色不够，从而影响饼皮花纹的形成。刷蛋浆以后，就可以进行第二次烘烤，时间需要控制在 15 分钟左右。

烘炉的温度有底火和面火温度之分。制作广式月饼时，需要把烘焙的底火温度控制在 150℃—180℃，面火温度为 220℃—240℃。

烘烤后的月饼要进行冷却。过去人们用大风扇吹月饼，以加快其冷却的速度。待月饼冷却到常温以后，才进行包装。若把刚烘烤好的月饼即时包装、封口，包装袋里面会产生水汽。因此，要等月饼冷却后才能进行包装，然后装塑料壳，加保鲜剂（过去没有保鲜剂的月饼保质期为一个月。20 世纪 80 年代，为延长保质期，莲香楼开始在月饼包装中加入保鲜剂）和密封，再进行外包装工序，例如装铁盒、装礼袋等。

• 打饼

• 烘烤

• 刷蛋浆

项目点评

莲香楼广式月饼，以莲蓉月饼为代表。对莲子的营养和食用价值，我国古人早已有所认知。《神农本草经》和《本草纲目》等药书都阐述了莲子的食用和药用价值。到了清代，莲子被视为“养颜补身”的珍品。广式莲蓉月饼的馅料重在味道和口感，制作工序繁多、精细，与岭南文化传统息息相关，体现了岭南人独特的想象力和创造力。

莲香楼广式月饼制作技艺传承已有100多年历史，是岭南饼食文化及与之相关的茶楼文化、节俗文化、婚俗文化的活态传承。此外，莲香楼广式月饼制作技艺保留了传统广式饼食制作技艺，对研究岭南传统食品制作技艺具有重要价值。当然，作为老字号企业传承的一种食品制作技艺，莲香楼广式月饼制作技艺已经影响了千家万户，承载广州人许多记忆，是广州人生活中不可或缺的一部分。

VIII-17　致美斋广式调味品制作技艺

项目名称　致美斋广式调味品制作技艺

入选名录　第四批广东省级名录、第三批广州市级名录

流传地域　广州市

历史渊源

致美斋是我国现存最早的酱园之一，相传始创于明万历三十六年（1608 年），创始人刘氏。店址位于当时番禺城内城隍庙对面，即现广州市越秀区文德路与中山四路交会处，初以经营小食为主，兼营元宝蜡烛（拜祭用品）。

清朝康乾时期，致美斋转营调味酱料，专营酱油、甜醋、麻油、食糖等调味品。《番禺县续志》有这样的记载：“酱料行之致美斋，……均自开业至今亘一二百年……”到清末民初，致美斋酱园已形成三场（生产工场）一店规模，在当时广州酱料行业中独树一帜。

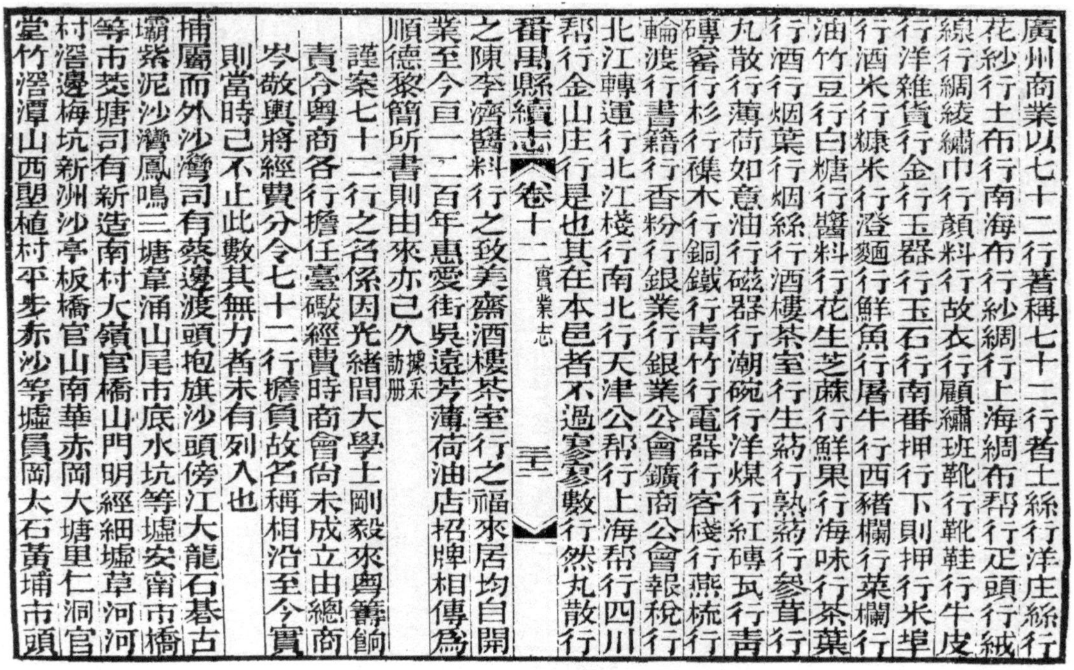
廣州商業以七十二行著稱七十二行者土絲行洋庄絲行花紗行土布行南海布行紗綢行上海綢布帮行疋頭行絨線行綢綾繡巾行顏料行故衣行顧繡班靴行靴鞋行牛皮行洋雜貨行金行玉器行玉石行南番押行下則押行米埠行酒米行糠米行澄麵行鮮魚行屠牛行西豬欄行菜欄行油竹豆行白糖行醬料行花生芝蔴行鮮果行海味行茶葉行酒行烟葉行烟絲行酒樓茶室行生葯行熟葯行參茸行丸散行薄荷如意油行磁器行潮碗行洋煤行紅磚瓦行青磚窰行杉行磉木行銅鐵行青竹行電器行客棧行燕梳行輪渡行書籍行香粉行銀業行銀業公會鑛商公會報稅行北江轉運行北江棧行南北行天津公帮行上海帮行四川帮行金山庄行是也其在本邑者不過寥寥數行然丸散行之陳李濟醬料行之致美齋酒樓茶室行之福來居均自開業至今亘一二百年惠愛街吳遠芳薄荷油店招牌相傳爲順德黎簡所書則由來亦已久（據采訪册）

番禺縣續志《卷十二 實業志》

謹案七十二行之名係因光緒間大學士剛毅來粵籌餉責令粵商各行擔任臺礟經費時商會尚未成立由總商岑敬輿將經費分令七十二行擔負故名稱相沿至今實則當時已不止此數其無力者未有列入也

捕屬而外沙灣司有蔡邊渡頭抱旗沙頭傍江大龍石碁古壩紫泥沙灣鳳鳴三塘韋涌山尾市底水坑等墟安甯市橋等市茭塘司有新造南村大嶺官橋山門明經細墟草河河村滘邊梅坑新洲沙亭板橋官山南華赤岡大塘里仁洞官堂竹滘潭山西塱植村平步赤沙等墟員岡太石黃埔市頭

●《番禺县续志》记载了致美斋的规模

抗日战争期间，致美斋酱园生意一度清淡，后因增加了南北酱菜、调味食品与凉果产品以及酱油品种，生意又有了起色。1949 年前，致美斋酱园一直采用前店后厂经营方式，遵循古法，制作讲究，颇有声誉。

1956 年，致美斋与广州市数十家私营作坊式酱料企业合并，在广州市三元里沙涌北集中建厂，取名广州市越秀区酱料加工厂，后改名为广州调味食品四厂。1983 年重新更名为广州市致美斋食品厂，1993 年正式恢复为广州致美斋食品有限公司。

此后，致美斋及其品牌产品先后获得国家“中华老字号”“国家二级企业”“广州老字号”“中国明星企业”“全国食品行业名牌产品”“全国商办工业销售额利税总额 100 强企业”“广州市先进企业”“广东省先进企业”“广东省名牌产品”等先进荣誉称号 100 多项。致美斋商标被冠以“广州市著名商标”“广东省著名商标”“中国驰名商标”等称号。

• 20 世纪中叶致美斋酱园工人在制作酱油

• 酱园工人在为酱缸加水

• 20 世纪 50 年代致美斋酱园工人在品评咸菜

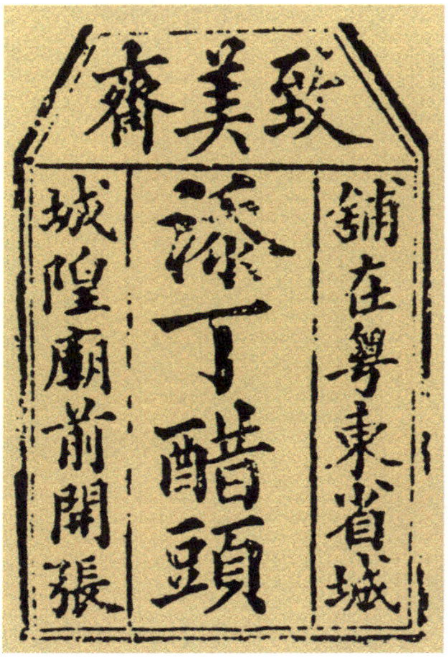

• 致美斋民国时期的商标纸

• 20 世纪 90 年代的致美斋老铺

基本内容

酱油是致美斋的主要产品，有天顶抽、上晒抽、生晒抽、加晒抽、上头抽、上等抽、头等抽等，此外，还有芝麻酱、原椒酱、辣椒酱、咖喱酱、沙爹酱、银虾酱等酱品，产品十分丰富。致美斋广式调味品制作技艺以酱油制作技艺为代表。

致美斋酱油所用原料有大豆、豆粕、小麦、面粉、麸皮，工艺流程包括原料处理、种曲培养、原料蒸煮、制曲、发酵、出油、调配煮制、沉淀过滤、二次灭菌、包装、检验等工序。

（一）原料处理

黄豆、豆粕、小麦、麸皮、面粉等主要原料按其特性经过清洗、浸泡、破碎、溶解后，按配方配兑备用。

（二）种曲培养

选用米曲霉做菌种，分纯育壮，经试管、三角瓶、种曲房三级扩大培养后备用。

（三）原料蒸煮

选用“高短法”工艺，即用最高的压力、最短的时间把原料蒸熟，并以最快的时间降温至常温备用。

●致美斋天顶头抽

天顶头抽晒场

（四）制曲

把处理好的备用原料充分混合，加入适量种曲，以通风制曲法进行制曲。创造米曲霉最适宜的生长条件，促使米曲霉充分发育繁殖，分泌酱油发酵所需的各种酶类，以便在酿造过程中发挥最大作用。

（五）发酵

把经过制曲后的原料用盐水搅拌均匀后，选用高盐稀态常温发酵工艺酿造。常温发酵时间长，需要 90 个晴天晒制，使酱醪慢慢成熟，产生各种氨基酸和醇类，散发出浓厚的酱油醇香。

（六）出油

酱油发酵成熟后用自然浸出法出油。第一次出油为头度油，出油后加入盐水浸泡发酵 15 天后，再出二度油，然后再加入盐水浸泡 15 天，出三度油。三度油出油后发酵完毕。出油后的酱油一般头度油为特级酱油，二度油为一级酱油，三度油为二级酱油。

（七）调配煮制

根据各产品配方要求，加入各种配料进行调配煮制，做出不同风味的酱油产品。

•21 世纪致美斋生产基地一角

（八）沉淀过滤

将煮制完成的酱油产品放入储罐中，静置沉淀 7 天以上，取上层清液，以硅藻土过滤设备进行过滤。

（九）二次灭菌

将过滤好的酱油产品重新加温至 60℃—80℃进行灭菌。

（十）包装

酱油产品二次灭菌后即采用全自动包装生产线趁热进行灌装，确保产品安全卫生。

代表性传承人

罗瑞山　男，1953 年生，华南理工大学工业发酵专业本科毕业。1984 年进入调味品行业工作，现任广州致美斋食品有限公司总经理、高级工程师。先后在广州市调味食品研究所任副所长、所长，在广州致美斋食品有限公司任副总经理、总经理、总工程师。在调味品科研、生产、技术、经营、行政等多个岗位工作，熟悉调味食品产业的生产经营运作和调味食品传统产品的制作工艺，是调味品科研和新工艺的带头人。

•致美斋广式调味品制作技艺代表性传承人罗瑞山

项目点评

致美斋酱园是我国现存的最古老的酱园之一。致美斋广式调味品是经数百年积淀和创新而造就的经典，是广州人的特色菜肴和舌尖生活不可或缺的美味。为适应粤菜的发展需要，致美斋创制了十分丰富的产品，包括生抽、老抽、蚝油（含鲍鱼汁）、调味酱、调味粉、调味油、南腐乳、酱菜等 9 大类共 200 多个品种。

致美斋保持并发展了许多广式调味品制作技艺，一是在清末民初天顶抽酱油配方基础上，创制出新的天顶头抽；二是在糯米甜醋传统工艺的基础上，将该醋优化改良升级，在配方上进行提炼，制造出适合现代人口味需求的添丁醋头和天顶醋头；三是在海鲜酱即传统甜酱基础上，致美斋还调入各种调料、香辛料，制作出品种丰富的酱品，如柱侯酱、叉烧酱、排骨酱、香酱、多味酱等，使古老的酱品焕发出新的活力和“味”力；四是在蚝油基础上发展出鲍鱼汁，也是致美斋酱园对传统广式调味品的一大贡献。

致美斋酱园及其广式调味品制作，不仅活态保留了许多珍贵的传统调味制作技艺和酱园经营理念，也保留了许多与老广州饮食生活密切关联的记忆，是粤港澳以及海外华人情感联系的重要纽带。

VIII-18 古琴斫制技艺

项目名称 古琴斫制技艺

入选名录 第四批广州市级名录

流传地域 海珠区、番禺区

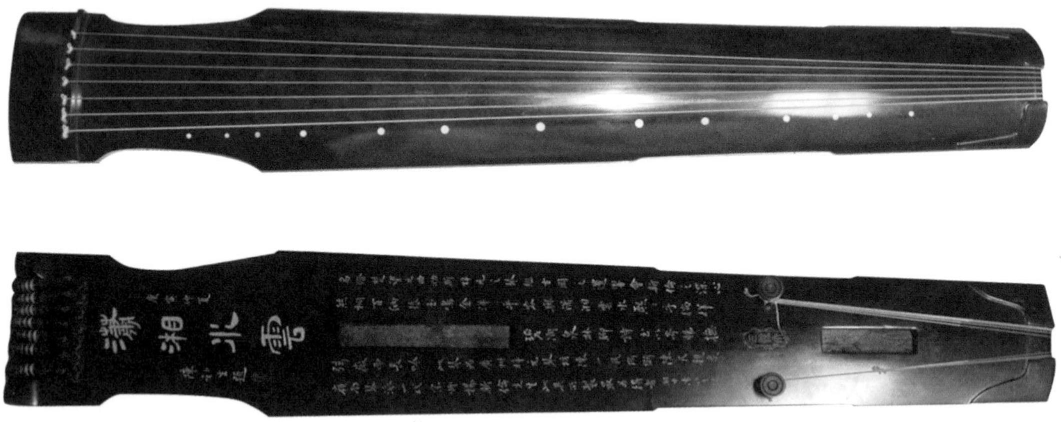

• 古琴“潇湘水云”

历史渊源

古琴，古称“琴”“瑶琴”“玉琴”“绿绮”“丝桐”“五弦琴”“七弦琴”等，是我国古代流传至今最古老的乐器。古琴斫制技艺是指古琴的制作与修复技艺。

我国有着悠久的古琴制作和修复历史，最迟在汉代，古琴形制就已基本定型。唐代，斫琴技艺达到顶峰，名家辈出。当时的斫琴家以三代制琴的四川雷氏家族最为著名，其所制的琴被称为“雷琴”“雷公琴”“雷氏琴”。唐代传世名琴“九霄环佩”就是雷氏家族所斫。除“九霄环佩”外，唐代传世名琴还有“大圣遗音”“太古遗音”“梅花落”“老龙吟”“一池波”“春雷”“飞泉”等。唐宋时期的琴人对斫琴技艺的记录、整理与研究工作非常重视，唐代李勉的《琴记》、北宋石汝砺的《碧落子斫琴法》《僧居月斫琴法》、南宋田紫芝的《太古遗音》等琴学著作中，都有关于斫琴制作与斫琴技艺的记载。这些记载除对古琴材质的炮制方法、底面厚薄、施材配料、秘制配方等方面有着准确的记录外，对琴体中空的大小，槽腹内项实、纳音、声池、韵沼的合理开剜，有效布局，相互间的匹配比例等方面都提出相对规范的设计要求，其中有些玄秘的机关还附注了启发式的口诀。宋代以后，特别是明清时期，斫琴由盛转衰，琴人琴学偏重琴曲的整理、曲意的阐释及琴艺的研究，较少斫琴技艺的记录。清末，琴人日渐稀少，琴曲相继失传，古琴艺术日趋衰落。民国年间，一批琴家亲自参与古琴的制作和维修，重振古琴制作技艺。20 世纪 60 年代至 70 年代，由于历史原因，古琴演奏与制作一度被迫停止。90 年代以来，随着国家对古琴艺术的重视，特别是在 2003 年古琴艺术被列入人类非物质文化遗产代表作名录之后，古琴爱好者日益增多，各地学习、从事斫琴技艺的人也越来越多，具有不同风格特点的名家名琴不断涌现。

广东的古琴文化发端很早，至迟在汉代就有了与古琴相关的活动，此后岭南地区一直活跃着不少琴人。北宋《碧落子斫琴法》的作者石汝砺就是广东英德人，其琴学著作对岭南制琴修琴技术多有叙述。岭南琴人与南来的中原文人频繁交流，提高了在古琴演奏和斫制等方面的修养。南宋末年，元兵攻陷临安，一些名臣遗老和文人仕子追随宋皇室南逃至岭南，带来了古琴和琴谱，岭南琴学一时大盛，古琴的制作和修复技艺也随之兴起，许多本地斫琴师的名琴一直保留至今。

广州古琴制作和修复技艺在近代古琴大师杨新伦手中发扬光大。杨新伦早年在广东与弟子区君虹、袁建成等共同研究旧琴修复办法，晚年收弟子陈一民，尽授所学。陈一民更加致力于斫琴，多方搜求斫琴方法，与旧时所学相互印证，在斫琴技法上多有改进和突破，后又将技艺传给徒弟易力、刘笔华等，使广州古琴制作和修复技艺得以继续传承。

2013 年 5 月，古琴斫制技艺被列入广州市第四批非物质文化遗产代表性项目名录。

基本内容

古琴的形制主要有仲尼式、伏羲式、灵机式、师旷式、响泉式、神农式、连珠式、落霞式、蕉叶式等，以仲尼式最为常见。古琴一般长 120—125 厘米，琴体主要由琴面、琴底、琴首、琴轸、琴腹、雁足等组成。

古琴斫制工艺主要包括木工技艺、生漆技艺以及调琴技艺等，斫制过程主要包括选材、开琴坯、上漆灰、上弦调音等工序，对制作者的动手能力和内在修养要求很高。

一、斫制琴身

（一）选琴材

古琴发出的声音主要来源于琴体木材本身的共振，这就对木材有较高的要求。古琴的面板多用桐木(也可用松木、杉木)，底板多用梓木。选材讲究轻、松、脆、滑。“轻”指木质要轻；“松”指选用的木材要松透，一般用老木；“脆”指选材要有脆性；“滑”指用料经打磨后要光滑。这些是对琴材的基本要求。

（二）开料

先开木料做板，将整块木料锯成合适的大小。以一架全长 117 厘米的古琴为例，板材长度至少需要 119 厘米。

（三）画面板

在面板头尾用笔由中线向左右画出弧形的琴面形状，然后将面板的弧面大略刨出来。

（四）挖槽腹

古琴的槽腹处理，是琴音好坏的关键。挖的深浅要视不同的琴形、不同的板材而定，一般最深处（在中线上）要挖出 2—3 厘米的深度。琴材如较松软，则需要挖少留多；琴材较硬则相反。

（五）做底板

先用笔在板上画出中线，然后根据基准线沿两边等距画出琴体形状，并锯成形。画出与面板岳山位置相对的轸池位置，再画出与面板纳音位置相应的龙池、凤沼和雁足位。根据材料以及与面板之间的关系确定并刨出底的厚度，最后把底板修平整。

（六）修面板

古琴的琴面并非是一条直线。为防止右手弹弦时碰到琴面，设计时一般要让琴面从三徽处开始渐渐“低头”，到岳山处达到最低。

（七）试音合琴

把天地柱试装好，用螺丝先将琴面和琴底试合，进行试音。如果有不合意的地方，要打开重新调整。调到满意的声音，就可以合琴。将琴面和琴底需要黏合的部分修成相

刨琴面

锯琴外形

挖槽腹

琴坯调音

上灰漆

打磨

髹漆

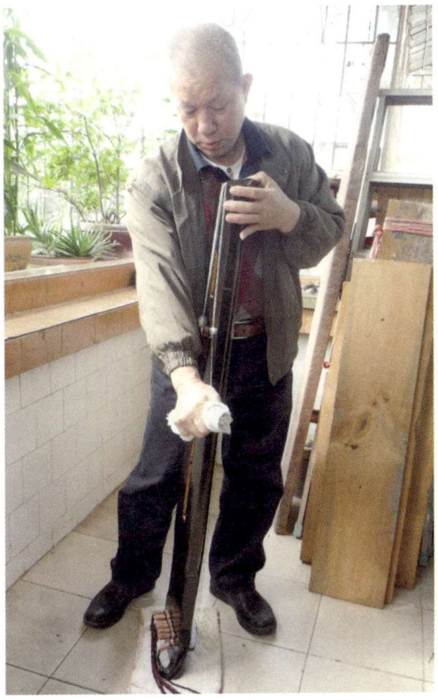
上弦

应的宽度，并且刨平，尽量打磨光滑，涂遍白乳胶之后，对应合起，四周钉上适量竹钉。再用麻绳将合好的琴捆扎牢固，静置一到两周，直至黏合牢固。

二、装配件

古琴的配件包括岳山、承露、轸池板、琴徽、冠角、龙龈、尾托、琴轸、雁足等。最重要的配件是岳山和龙龈，必须用硬木。承露、冠角、尾托、轸池板、雁足等最好也用硬木。

三、墁灰和髹漆

古琴灰漆的调制也是影响音色的重要因素。灰胎一般由灰（鹿角霜灰、八宝灰、瓦灰等）混合大漆而成。先上三层粗灰，然后打磨，接着上三遍细灰，再打磨至光滑。最后刷一遍大漆，再打磨擦拭到平滑光亮。

四、上弦

在承露上画出琴弦穿过的位置，在下面的轸池也画好对应位置，钻出七个直孔。将搓好的绒扣以特定方式穿过琴轸固定，按琴弦排列顺序，依次将琴弦经龙龈缠绕到琴底雁足上即可。

最后还可以在琴体上做些装饰，最常见的是装琴穗。还可以在琴背后刻字题款，通常琴的名字刻在琴背颈部，龙池上方。题字铭刻则在下方龙池周围。另外，可以在琴额上做镶嵌装饰，常镶以美玉、象牙。

代表性传承人

陈一民 男，1948 年生，广东新会人。1984 年开始追随岭南派古琴大师杨新伦学习古琴制作与修复技艺，曾为杨新伦、莫仲予、谢导秀等名家修复传世名琴。杨新伦去世后，陈一民坚持学习，不断探索提高制琴技艺，先后造出“古冈”（新伦式）、“潇湘水云”（仲尼式）、“无过”（落霞式）、“羚峡潜蛟”（正和式）、“碧涧流泉”（仲尼式）和“秋泉”（连珠式）等品质优良的古琴。

陈一民古琴制作和修复技艺的最大特点是遵循古法：以老桐木、老杉木为琴材；槽腹制作保留了传统的声池、韵沼、天地柱等结构；灰漆技术使用传统的鹿角霜生漆，反复打磨，精益求精。此外，陈一民还能依据琴器木材声音的特点，制作百衲琴和双层面板的琴器。

古琴斫制技艺代表性传承人陈一民

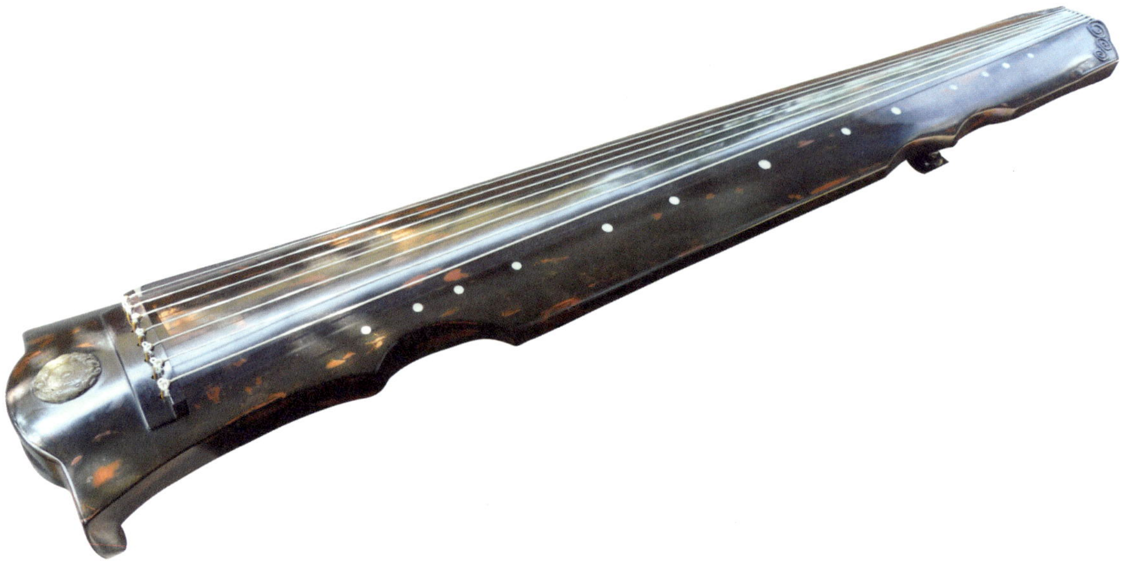

古琴作品“古冈”

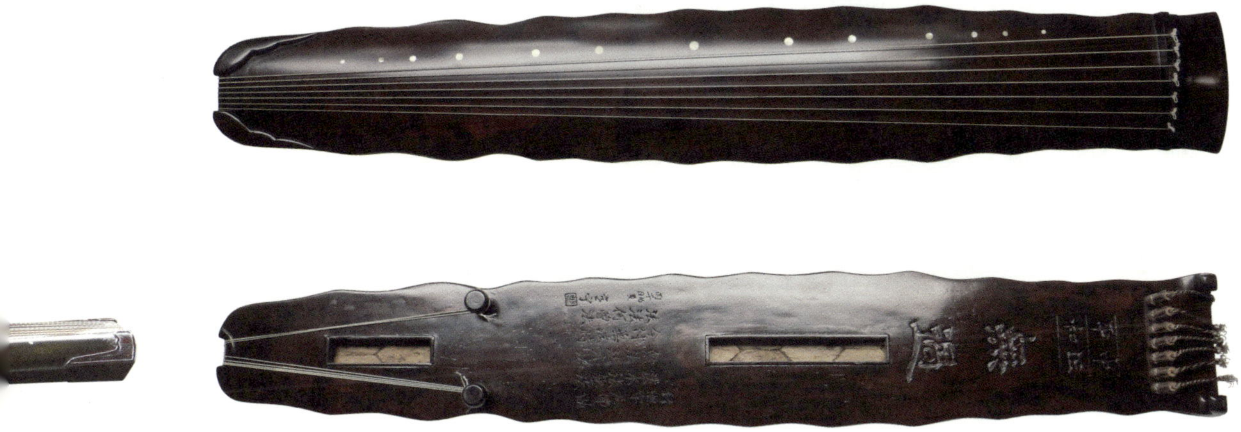

古琴“无过”

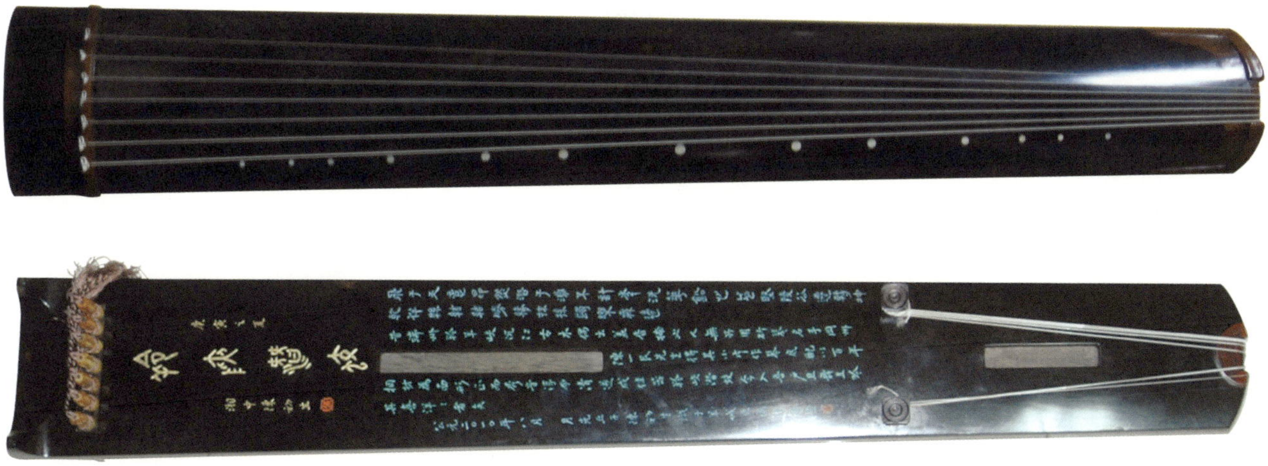

古琴“羚峡潜蛟”

项目点评

古琴以其独特的形制和音色，成为我国传统民族器乐的典型代表。历代琴器本身的制作法度、款式大小、铭刻文字等真实地记录了古琴制作的历史、理念、审美取向以及古琴收藏与传承的历史，是琴史不可或缺的部分，对研究古琴历史具有重要的史料价值。

古琴中关于伏羲、神农、唐尧、黄帝和虞舜等造琴以及文王、武王各加一弦的传说，琴体“天圆地方”的设计，十三个徽位（一年十二个月加上一个闰月）的象征意义，以及“清微淡远”的音色与曲意的追求等，无不体现了中国传统儒家含蓄委婉、中庸平和的理想人格与道家天人合一、崇尚自然的精神。

古琴制作除了要具备深厚的文化修养和音乐修养，还要具备高超的艺术修养，琴器本身就是一件精美的艺术品，融木工、雕刻、镶嵌、漆艺等艺术于一体，具有很高的艺术和技艺价值。

VIII–19　沙湾水牛奶传统小食制作技艺

项目名称　沙湾水牛奶传统小食制作技艺

入选名录　第四批广州市级名录

流传地域　番禺区

历史渊源

沙湾水牛奶传统小食制作技艺，是一种以水牛奶为原材料制作各种奶类甜品、点心等小食的传统技艺。

水牛是农业社会重要的生产工具，较少供食用。只有在农业发展水平与水牛养殖量达到一定程度，所产牛奶有大量剩余的情况下，水牛奶才会供食用。有学者认为，岭南人食用水牛奶的历史，应不会早于明朝中后期。

沙湾水牛奶传统小食的出现与沙湾大量养殖水牛密切相关。明清时期，伴随着人口的增长，沙湾经历了由小村落向大型乡镇发展的历史进程。与人口数量增加相伴相生的是土地的不断开垦。明清时期，尤其是清中期以后，沙湾地区出现大规模的人工围筑沙田，发展农业。水牛成为沙湾古镇最常见的家畜，水牛奶产量也逐渐增多，沙湾人由此研制出各种以水牛奶为主料、配料的菜品、甜点。

清末时期，沙湾有个叫李九的人，在广州油栏门（今海珠南路南端）开了家“李九记”牛奶甜品店，经营姜埋奶、窝蛋奶、蛋奶糊、鸡蛋筒和牛乳饼等水牛奶食品。到了 20 世

• 牛奶白饼

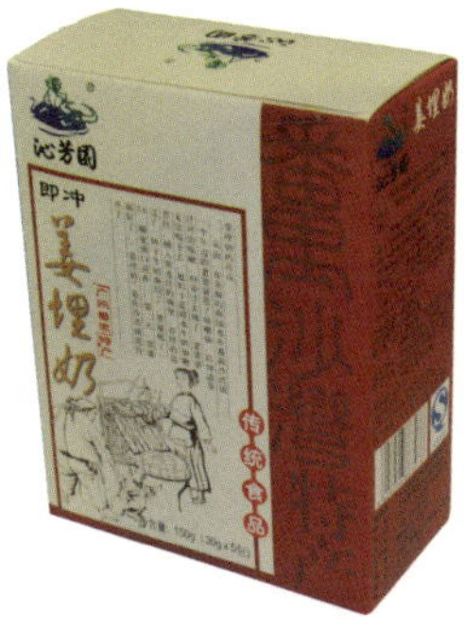

• 沙湾姜埋奶冲剂

●牛乳

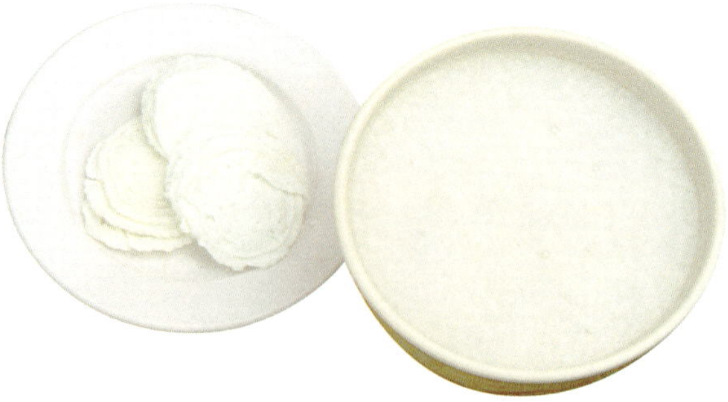

●牛乳白粥

纪 30 年代，沙湾已有全记、琛记、同记、珠记、彬记、章记等多家甜品店主营鲜水牛奶制品。

1949 年后，沙湾水牛养牧业萧条，沙湾水牛奶一度销声匿迹。用于制作水牛奶特色食品的鲜奶只能靠顺德大良等地供应，具有沙湾特色的水牛奶特色食品一度衰落。

20 世纪 80 年代，沙湾西村旅港同乡会向村子赠送了多头水牛，水牛养牧重新恢复，传统水牛奶制品也逐渐恢复供应。

近年来，除了沙湾西村外，古东村、古西村、新洲村、福涌村、龙岐村也开始水牛养牧，水牛奶产业规模进一步发展，经营沙湾水牛奶传统小食的店铺也不断增多。

2013 年 5 月，沙湾水牛奶传统小食制作技艺被列入广州市第四批非物质文化遗产代表性项目名录。

基本内容

以沙湾水牛奶为原料的特色食品超过 30 种，包括甜品、点心、菜馔等多种类别。主要有沙湾姜埋奶、双皮奶、凤凰奶糊、窝蛋奶、牛奶白饼、牛乳、牛乳白粥、糯米椰糍、炸牛奶、锅仔浸鱼头等产品。下面介绍其中几种的制作方法。

一、沙湾姜埋奶

姜埋奶，又称姜撞奶、姜汁奶，是沙湾民间传统美食，味道香醇爽滑，甜中微辣，风味独特，具有暖胃表热、祛寒行血、养颜美容、止咳安眠之功效，与双皮奶一同被誉为广东“甜品之王”。

•沙湾姜埋奶

•擦姜蓉

•榨姜汁

•埋奶

关于沙湾姜埋奶的由来，有各种不同的说法，目前流传较广的是：相传 100 多年前，沙湾镇一个年迈的老妇人终日咳嗽不止，知姜汁可治咳嗽，但姜汁太辣，无法下咽。某日，老妇人的儿媳妇无意中将加糖煮热后的水牛奶倒入装有姜汁的碗里，发现牛奶竟然快速凝结成凝脂状，且奶香扑鼻。婆婆喝后觉得满口清香，咳嗽大减。由此，此故事被广为传扬，姜埋奶也成为风靡珠江三角洲及港澳地区百余年的"甜品之王"。

沙湾姜埋奶制作步骤：选用本地生姜洗净后擦磨成姜蓉，然后用薄纱布包裹姜蓉，榨取姜汁；选用优质沙湾水牛奶加适量白糖煮开，放至 70℃—80℃；把水牛奶倒进放有姜汁的碗内，姜汁与水牛奶混合后会自动凝结，形成凝脂状，即为沙湾姜埋奶。一碗好的沙湾姜埋奶，奶面上能稳放一把瓷质汤匙，奶面微微下陷而不开裂。

姜埋奶的制作原理在于姜汁中含有的植物蛋白酶与水牛奶内含有的蛋白质发生化学反应，使其由可溶的状态转成不可溶的状态，从而出现"埋"（即凝固）的状态。

二、双皮奶

双皮奶是以水牛奶为原料制作的传统小食，因其表面有两层薄皮，呈膏脂状，所以得名，首创于顺德大良。双皮奶以水牛奶、蛋清和白糖等混合炖制而成，质感细腻嫩滑，口味甜香清淡，可热品亦可冷食，润肺养颜。

关于双皮奶的由来，有几种传说。一种说法是清末时顺德一位叫何十三的农家子弟在用水牛奶作为早餐原料烹制的时候无意中调制而成。另一种说法是旧时有一人将卖剩的水牛奶搁置一旁，冷却后发现奶面上结了一层奶皮，他觉得有趣，继续在上面倒上一层奶，从而创制出了双皮奶。

双皮奶的制作步骤：将新鲜水牛奶煮沸，倒入碗中，不久鲜牛奶表面会结成一层奶皮；待牛奶略微冷却后，掀起奶皮一角，将牛奶缓缓倒出，将完整的一层奶皮留于碗底；在倒出的牛奶中加入鸡蛋清和适量白糖（也可另加少许白醋），搅拌均匀，作为奶心；将奶心缓缓注回盛有奶皮的碗中，奶皮渐渐浮起，覆盖在奶心表面；放入锅中隔水蒸炖，形成第二层奶皮；奶心凝固后即为完成。

三、凤凰奶糊

又称“蛋奶糊”，它是珠江三角洲地区特色甜品店的必备品，其特点是奶味香甜，口感细滑浓稠，营养丰富。

凤凰奶糊制作步骤：把鸡蛋黄打入碗内，用筷子搅拌均匀；把水牛奶倒入锅中，加入白糖，边煮边搅拌至白糖完全溶解；把鸡蛋浆倒入水牛奶中，继续搅拌至糊状即可。

•凤凰奶糊

四、炸牛奶

是水牛奶传统小食中深受老人和儿童喜爱的一种甜品小食，以新鲜水牛奶和糯米为主要原料，外皮脆而不硬，内部鲜嫩可口，口感舒适、形态可爱，且充分保持了新鲜水牛奶的营养成分。

炸牛奶制作步骤：将新鲜水牛奶加入白糖、淀粉混合均匀，倒入锅内，煮沸后转为文火，慢慢翻动，待其凝固呈糊状后铲起放入容器中摊平，冷却后置于冰箱内冷冻成固体，使用时切成大小适中的长条；将面粉加入发酵粉、水、盐调成糊状备用；将食用油加热至六成热，再将长条形的奶糕蘸裹面浆，逐条放入油锅中炸至金黄，捞起装碟即可。

五、糯米椰糍

糯米糍又叫状元糍，是各地常见的一种小吃，历史悠久。糯米椰糍经沙湾人改良，以水牛奶奶霜为内馅，成品清甜绵软滑糯，奶香、芝麻香、椰子香交融，且入口不腻、不粘牙，口感软韧，是深受男女老幼喜爱的一种水牛奶传统小食。

糯米椰糍

制作步骤：将水牛奶倒入锅中，加入白糖，一边加热一边充分搅拌，牛奶蒸发完水分后逐渐变得浓稠软滑；将熬制好的牛奶放入冰箱冷藏后，凝固成类似奶酪的固体，即为奶霜；以糯米粉拌白糖水煮成稠糊状，冷却后搓成拇指大小的粉团；将粉团压成柿饼状，包入芝麻蓉、奶霜为馅料，搓圆，表面撒上椰蓉便成。

代表性传承人

曾惠庄　女，1953 年 10 月生，番禺区沙湾镇人，是沙湾老字号甜品店沁芳园的创始人。20 世纪 70 年代师从沙湾水牛奶传统小食制作技艺的行尊何锦铛，学习水牛奶传统小食制作技艺。1992 年，创办沁芳园甜品店，以沙湾姜埋奶、双皮奶、糯米糍等传统水牛奶小食为主打产品，坚持手工制作，打造出了“沁芳园”品牌。在继承传统的基础上，曾惠庄勇于创新，推出姜埋奶冲剂、牛奶白饼、牛乳片等盒装产品，使沙湾水牛奶传统小食成为旅游手信。

沙湾水牛奶传统小食制作技艺代表性传承人曾惠庄

项目点评

沙湾水牛奶传统小食制作技艺，是以水牛奶为原材料，制作各类甜品、点心等，其特点在于以沙湾镇本地饲养的水牛所提供的优质水牛奶搭配其他食材，运用水牛奶的特性，发挥其补气血、益肺胃、生津润肠的功效，并促发其他食物的食疗价值。虽所用食材不多，但能突出食材的原味和牛奶的鲜香，也符合人们对养生的需求。

自清朝至今，沙湾水牛奶传统小食制作技艺一直广泛流传于沙湾及周边的珠江三角洲地区，历史文化内涵丰富。在社会经济价值方面，随着沙湾古镇知名度的提升，慕名而来品尝沙湾水牛奶传统小食的游客越来越多，沙湾水牛奶传统小食也成为番禺旅游产业的重要组成部分。

VIII-20 粤菜烹饪技艺

项目名称 粤菜烹饪技艺

入选名录 第四批广州市级名录

流传地域 广州市

四宝炒牛奶

历史渊源

粤菜，即广东地方风味菜，是我国八大菜系之一。

粤菜起源可追溯到2000多年前，与中原烹饪文化的传入关系密切。秦代开始，北方人口大量南迁，将“食不厌精，脍不厌细”的中原烹饪艺术带到岭南，与越人的饮食风格结合，促使了独具特色的粤菜的产生。

汉代，随着汉越融合的加强，粤菜已初具雏形。从广州西汉南越王墓的出土文物来看，汉代岭南已有煮、烧、烤、煎、炸多种烹饪技巧，已会用鸟雀、海鲜、乳猪等食材进行烹饪。

隋唐时期，广东汉越融合基本完成，粤菜风格及食制也已基本形成。唐代刘恂的《岭表录异》中有大量与岭南烹饪相关的记述，包括河鲜、海鲜的制作，煮、炙、炸、炰、甑、炒、脍、烧、煎、煿、拌等烹饪方法以及酱、姜、葱、韭、椒、桂等各种调味料的使用等，表明唐代岭南地区的烹调技艺已达到相当的水平。

宋元时期，岭南地区对外贸易十分繁荣，中原、西方名食与烹饪技艺在岭南相互交融，

●广州文昌鸡

粤菜开始形成以野味海鲜、鲜蔬花果入馔，清鲜适口的风格，东坡肉、东坡羹、馄饨、西湖鱼等北方名食和蛇羹等风味美食已常见于粤菜之中。

明清时期，一方面，广东已出现了许多乡土名食，如佛山柱侯食品、顺德凤城食谱、清远白切鸡等，大大丰富了粤菜的内容。另一方面，大量旅居海外的广东华侨把西方烹饪技术带回广东，进一步推动粤菜的中西融合。由此，粤菜形成了集南北风味于一炉、融中西烹饪于一体的独特风格，并在各大菜系中脱颖而出，名扬海内外。

清末民初，受西餐菜式糕点烹调技艺、调味用料影响，粤菜产生了一批如太史田鸡、白汁鲩鱼、什锦拼盘、鼎湖上素、红烧大群翅、清蒸海鲜等名菜品种以及一批广式点心、小食。

20 世纪 20 至 30 年代，广东饮食市场繁荣兴旺，粤菜发展迅猛，菜品风味不断变化，通过各类食材的搭配变化，能烹饪出数千个品种。酒家、茶楼林立，各有自己的招牌菜，久负盛名的酒家有福来居、贵联升、品连升、玉醪春等字号。稍晚的是当时闻名中外的四大酒家——文园、南园、谟觞、西园。茶楼有老牌的陶陶居、惠如楼、莲香楼等，主要分布在陈塘十八甫、财厅前和长堤新填地一带。其他小饮小食，更是遍布全城，数不胜数。

1956 年，广州举办名菜美点展览，统计出粤菜菜式 5457 款、点心 825 款、小食品 273 款、烹调技艺 28 种，轰动全国。

20 世纪 70 年代，香港出现了“新派粤菜”，大量使用新兴食材和调味品，将粗杂粮推上大雅之堂；发扬粤菜“北为南用、西菜中做”的传统，创出不少以鲜花、水果入菜的菜式。20 世纪 80 年代初，“新派粤菜”传入内地，按照“有传统、无正宗”的规律发展，兼收并蓄，推陈出新。

2013 年 5 月，粤菜烹饪技艺被列入广州市第四批非物质文化遗产代表性项目名录。

•广州酒家厨师培训

•“南越王宴”之“越王思汉”

•八宝冬瓜盅

基本内容

一、粤菜特色烹饪方法

粤菜在长期发展过程中，以本土烹饪为基础，不断吸收、融合外来烹饪方法，形成了“北为南用、西菜中做”的烹饪方法，用料广博、取材鲜活、方法独特，尤以浸、炒、煎、焖、炸、煲、炖、扣、烧、蒸、泡等见长，讲究火候、时令，讲究色、香、味、形，口味以清、鲜、爽、嫩、滑为主。

（一）煲、滚、炖、烩（汤品制作技艺）

老火靓汤被誉为粤菜的灵魂，是粤菜筵席中必备的一道菜肴。粤菜汤料食材多元，品种繁多，制作分煲、滚、炖、烩四种。食法有四季之分，冬春多煲炖，夏秋多滚烩。根据气候和个人健康状况而搭配食材与药材。煲、滚汤以清润为主，炖、烩汤用料名贵，汤水滋补。

1. 煲

煲汤一般是先以猛火煲滚汤料，再用慢火煲3小时左右，故有“老火靓汤”之称。汤品较为高档，汤味香浓，滋润清热，如剑花蜜枣煲猪肺、椰子煲鸡、冬瓜薏米煲水鸭、白果瑶柱煲猪肚、青红萝卜煲猪骨、猪脚筋煲杜仲等。

2. 滚

“滚”是保持沸腾之意。滚汤用时较短，以急火猛攻，使汤料在清水里滚出滋味。河鲜、海鲜多用于滚汤，因为此法更易保留其肉质和味道。滚汤可分为清滚汤和煎滚汤，清滚汤有丝瓜滚鱼片、西洋菜滚鱼滑、菜心滚牛肉、枸杞叶滚猪肝、咸蛋滚芥菜等。煎滚汤有鲩鱼骨腩汤、节瓜滚鱼汤、木瓜滚鱼汤、芫荽鱼头豆腐汤等。

3. 炖

炖汤类一般以一种食材清炖或搭配药材同炖，汤水清澈，味道香醇，较为滋补。采用隔水炖法，将动物性食材在沸水中烫去腥污后放入瓷质或陶质的炖盅内，加入植物性食材及清水，盖上盅盖后放在水锅或蒸笼内。盖紧锅盖，猛火烧沸锅中的水，再转慢火炖约 4 小时。也可先煸炒食材再下料炖。炖汤类有天麻川芎炖鱼头、虫草老鸡炖甲鱼、花旗参炖竹丝鸡、海底椰炖响螺、北芪党参炖鹧鸪等。

4. 烩

烩汤是将数种原料和调料混合烹制而成的汤羹，一般用料上乘、制作讲究，成品软滑鲜浓、口味香醇。最有岭南特色的烩汤首推蛇羹，还有粟米羹、瑶柱上汤烩冬茸、鸡蓉烩鱼肚羹、菊花鲈鱼羹等。

（二）浸

“浸”就是将水或汤烧开，直接投入食材后，转用小火微沸至食材浸熟的烹调方法。此法处理的食品具香滑鲜甜的特点。白切鸡是粤菜浸法制作的经典，粤菜还有上汤浸鲈鱼、丝瓜浸滑鸡、胡椒浸猪肚、胡椒浸生蚝、平菇肉丸浸支竹、韭菜虾干浸猪肝等菜式。

（三）烧

粤菜的“烧”，即北方菜的“烤”，把原料腌制后涂上调有麦芽糖的糖浆，穿在铁叉上烘烤，例如烧猪、烧鹅、烧鸭、烧肉、烧排骨等。

（四）蒸

“蒸”是一种以蒸汽加热的烹调方法，可以有效地保存食材的原汁原味，因而被追求菜肴鲜嫩、口味清鲜的粤人广泛运用，名贵海鲜大都以清

金牌麻皮乳猪

蒸之法烹制。广东民间传统的蒸菜还有蒸茄子、蒸酿苦瓜、蒜蓉蒸丝瓜、豆豉蒸排骨、咸蛋蒸肉饼、冬菇云耳蒸鸡等。

（五）炒

“炒”就是将经过加工处理或初步熟处理（指余水、拉油）后的小型原料，放入已加入少量油的热锅中，在旺火上急速翻炒的烹调方法。粤菜的炒法有生炒、熟炒、软炒、拉油炒（又称“走油炒”“油泡”）之分。其中最常用而最具地方特色的是拉油炒。

（六）卤

“卤”也是粤菜常用的烹调方法之一，与其他菜系的“卤”法大体相同，都是先用各式调味品熬制成汤汁，再将食材放入汤汁中浸煮至熟透入味。但粤菜的卤水所用的调味品略有不同，加上其中必不可少的山柰、砂仁，故具有浓厚的广东地方风味特色。

（七）焗

“焗”是粤菜独有的传统烹调方法，即把热力封闭在容器里，将原料（通常为腌制过的食材或半成品）加热至熟。按焗器的不同，可分为砂锅焗、镬焗、烤炉焗；按使用的调料、配料不同，可分为蚝油焗、蛋黄焗、西汁焗等；按传热方式的不同，可分为上汤焗、原汁焗、汽焗、盐焗等。原料经焗制后受热膨胀而松软，水分蒸发，吸收配料、调味料的味道，形

• 油焗膏蟹

成特有的质感、风味，具有原汁原味、浓香厚味等特点。粤菜传统焗菜有鸡蛋焗鱼肠、姜葱焗鲤鱼等，新派粤菜则有葡汁焗时蔬、锡纸焗鲈鱼、茄汁红酒焖焗大虾等。

二、粤菜调味原则与特色调味品

（一）调味原则

粤菜调味讲究肉料与味料、酱汁的搭配，如清蒸鸡强调清蒸原味，仅用盐和味粉，力求突出鸡的本味；对柚皮、冬瓜等无本味或本味淡的原料，则通过加入肉类和香料，运用适当的火候和调味技巧，增加其滋味，让各种滋味互相渗透融合，成为色鲜、软滑、味香的菜肴。此外，结合季节变化和地方口味来调节菜肴的浓淡，是粤菜调味的另外两个原则。

（二）特色调味品

粤菜的常用酱汁有豉汁、果汁、煎封汁、腿汁（火腿汁）、柱侯酱、沙茶酱等、酸甜糖醋、蚝油等。随着新派粤菜的发展，出现了黑椒汁、香橙汁、京都汁、西柠汁、牛柳汁、海鲜豉油、煲仔酱、沙爹酱、XO 酱、川酱、卡夫酱等各种借鉴中外味型的酱汁。它遵循菜肴调味从单一到复合的规律，使粤菜能在调味上有大的突破，真正发挥中国烹饪“以味为核心，以养为目的”的特色。

• 粤菜特色调味品

项目点评

粤菜是我国八大菜系之一，发源于秦汉时期，历史悠久，内涵丰富、特色鲜明。

粤菜烹饪讲究色、香、味、形，寓疗于食，注重养生，通过刀工、烹调、火候、佐料、拼盘、菜名及季节、气候、饮食环境等因素的相互协调，达到饮食、艺术、养生融为一体的境界。粤菜注重煲汤，根据气候和个人健康状况而搭配食材、药材，或强身健体，或养颜美容，或清补滋润，或消暑清热。粤菜讲究“不时不食”，夏秋力求清淡，冬春讲究浓郁，是传统“道法自然、天人合一”养生理念的集中体现。

粤菜是岭南文化的重要组成部分，其历史演变反映了岭南古代物产分布、人口变动、商业贸易等情况，以及岭南与中原、海外的饮食文化交流，有重要的历史文化价值。粤菜有广泛的群众基础，是联系全世界粤籍华侨华人的纽带。粤菜是广东的一张名片，“食在广州”的美誉大大提升了广州在国内外的知名度。

传统医药

IX-3 小柴胡制剂方法

项目名称 小柴胡制剂方法

入选名录 第四批广东省级名录、第二批广州市级名录

流传地域 广州市

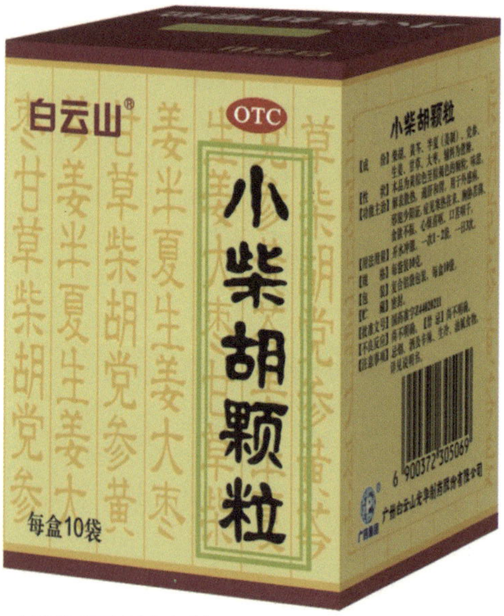

小柴胡颗粒国内包装

历史渊源

小柴胡制剂方法是指运用小柴胡方去滓再煎法（即汤剂的再浓缩）古法制备剂型的方法。该方法源于东汉著名医学家张仲景（150—219 年）《伤寒杂病论》，至今已有 1800 多年历史了。

《伤寒杂病论》是中医史上第一部有关理、法、方、药的经典，详细记载小柴胡汤，并对汤剂制作方法等进行了系统论述，被后世奉为传统汤药煎煮的准则。

汉晋时期，小柴胡制剂方法传入岭南。张仲景后人在东汉末年将《伤寒杂病论》（桂本）传入岭南。晋代葛洪因避乱南来广州，带来中医药制剂以及药

• 小柴胡颗粒出口包装

材种植技术，正式开创了岭南医药事业，被人称为“葛仙翁”。葛洪在《肘后备急方》中首次把成药、防疫药剂和兽用药剂列为专章论述，主张成批生产、贮备以供急需。从葛洪开始，岭南有了成药剂。

齐梁时期，小柴胡制剂在煎煮方法上有了标准。齐梁著名医药学家陶弘景曾提出一个近似标准的汤剂煎煮方法：一般药物按当时的度量衡每二十两药物加水一斗的比例，煮至水剩四升时说明药物已经煎好。发汗、涌吐、泻下等方剂需水量少，煮时较短；补益方剂则需水量多，煎煮时间较长。

唐宋之际，小柴胡制剂由汤药剂向煮散演变。《千金方》中就有类似煮散的记录。宋代《太平惠民和剂局方》对汤方做了改变，先把汤方药料配制成大量药粉，临用时称取所需的剂量，水煮内服，故名虽为汤或饮，实际上就是煮散。

明清时期，小柴胡饮片被使用。明代《伤寒六书》中已经明确记录了中药饮片的形式。之后陈嘉谟在《本草蒙筌》中记载了明代饮片的另一种称呼——“咀片”，其曰：“古人口咬碎，故称‘咀’。今以刀代之，犹曰‘咀片’，不忘本也”。明代饮片在民间已广泛使用。清乾隆年间吴仪洛《本草从新》中柴胡项下，有“药肆俱切为饮片”。这是单味饮片的最早记录。

近代以来，小柴胡免煎饮片、颗粒剂相继出现。20 世纪 50 年代，广州开始用炮制后的中药饮片制成中药饮片水剂。20 世纪 80 年代广州白云山光华制药股份有限公司（以下简称“光华制药”）根据医圣经方小柴胡汤变化方进行挖掘、传承、改良，将东汉的计量单位转换为现代的计量单位，以党参代替人参，增加人群的适用性，按古法工艺结合现代炮制学研究的成果，将半夏经过姜制进行减毒增效，制成姜半夏，将小作坊煎药的传统工艺改良为适应现代大型设备的制药工艺，研制成工业方小柴胡颗粒。

目前，国内的小柴胡制剂有两大制作技艺（去滓再煎古法和现代技术制作法）；四种提取工艺（混合提取、单味提取、化学溶媒提取、人工合成）；六种剂型，如颗粒剂（有糖型和无糖型）、丸剂、片剂、泡腾片、滴丸、针剂等。国外如日本的小柴胡制剂有28家企业生产，主要为单味提取的浸膏粉、颗粒剂和片剂。日本采用单味提取后，根据医生的处方用量再混合服用，完全颠覆了张仲景《伤寒杂病论》中的传统制作方法，所以副作用增大，不良反应严重。

•醇提车间

基本内容

一、小柴胡方及其原理

广州现行小柴胡颗粒制剂是小柴胡古方和在去滓再煎法古法基础上形成的。张仲景《伤寒杂病论》中记载了小柴胡汤、大柴胡汤、柴胡桂枝汤、柴胡加桂枝汤、柴胡加芒硝汤、柴胡加龙骨牡蛎汤和柴胡桂枝干姜汤。其中最有代表性的是小柴胡汤，特点是以柴胡、黄芩为其主药，具有和解表里、舒肝解郁、调和阴阳之功效。以古方小柴胡汤为基础，小柴胡颗粒方将古方原来的大补元气“人参方”改为扶正祛邪，具有不伤肝胃特性的“党参方”，主要由柴胡、大枣、党参、甘草、黄芩、姜半夏、生姜等构成。

方中柴胡清透少阳半表之邪，从外而解，并舒畅气机之郁滞，为方中君药。黄芩清泄少阳半里之热，为方中臣药。二药相配，使其达到和解清热的目的。配伍党参、甘草助半夏补气健脾，扶正

•光华制药的小柴胡颗粒多次被评为广东省名牌产品

祛邪，半夏燥湿和中，降逆止吐，为方中佐药。生姜助半夏和止呕，大枣助党参、甘草补气健脾，姜枣相和。又有调和营卫的作用，为方中使药。诸药合用，共成和解少阳、补中扶正、和胃降逆之功。

二、小柴胡制剂制作方法

（一）选药及药方比例

据《本草汇言》记："如《伤寒》方有大、小柴胡汤，仲景氏用北柴胡也。"故医圣是以北柴胡为古方中的正宗药材，光华制药的小柴胡颗粒严格采用秦岭山脉以北的天然道地北柴胡作为原料，与古方选材一脉相承。

《伤寒杂病论》中君药柴胡与其余四味药材的比例为 8∶3。据 2010 年出版的《中国药典》记载，小柴胡颗粒每 100 袋所含药材为：柴胡 150 克、黄芩 56 克、党参 56 克、姜半夏 56 克、甘草 56 克、生姜 56 克、大枣 56 克。君药柴胡与臣、佐、使药的比例约为 8∶3。

（二）去滓再煎法

去滓再煎法包括水煎、酒煎，乃《伤寒杂病论》中所记载的六种中药经典煎煮古法之一。光华制药遵循该古法煎制小柴胡颗粒。首先，根据处方要求将半夏依法炮制去毒，其他药材加工成片、段以备用。按处方要求

• 小柴胡浸膏

称取柴胡、黄芩、党参、甘草及大枣五味药材水洗，加水煎煮两次。分别将渣滓滤过，合并以上两次滤液，浓缩至相对密度 1.2 左右的稠膏，备用。半夏、生姜用酒煎煮后将渣滓滤除，然后浓缩至稠膏相对密度为 1.16 时加姜汁，搅匀。再将以上两种稠膏进一步浓缩，得小柴胡浸膏。这是光华制药在岭南医学家对小柴胡制剂制作工艺研究的基础上进行整理开发的结晶。小柴胡浸膏相当于浓缩的汤剂，为更利于患者服用和携带，加入辅料制成小柴胡颗粒。

（三）服用方法

20 世纪 80 年代光华制药将药物提取物与合适的辅料结合制成小柴胡颗粒状制剂（当时叫小柴胡固体汤剂），患者在服用前以温水溶解后还原为汤剂，既保留了汤剂的服用方法，又具有稳定性高，体积小，服用、贮存、运输方便等特点，乃现代技术与传统工艺生产相结合的产物。小柴胡从汤剂到颗粒剂型的转变，传承了小柴胡组方以药汤作为服用方式的传统。

代表性传承人

汪宗仁 男，1946 年生，本科学历。1970 年从事医药工作，跟随老职工、技术员学习中药制剂技术。先后在广州第七制药厂、广州白云山光华制药股份有限公司等工作，任广州光华药业有限公司总工程师。汪宗仁立足小柴胡传统用药形式，结合现代工艺对处方的改进及成分的配比进行科学的研究和尝试，提高了小柴胡颗粒的质量标准。

●小柴胡制剂方法代表性传承人汪宗仁

项目点评

小柴胡制剂继承了我国传统药剂的制作方法，具有多方面的特点。其一，它从古方到工业方，从汤剂到煮散、免煎饮片再到颗粒的发展历程，是我国中药制剂文化和技艺发展史的一个缩影，具有一定代表性。其二，小柴胡传统配方和制剂中包含的溶媒选用、配制方法以及药物处理原则，如为避免药物与煎器起反应而采用瓦罐和银器，根据患者病情随症加减药物，根据药材性质去除其毒性等，体现了科学性。其三，小柴胡制剂方法承接了汤剂临症加减和去滓再煎法的传统，同时结合现代医疗和制药技术发展的需要，创造出稳定性高，体积小，服用、贮存、运输方便的颗粒剂，为我国实现中医药标准化迈出了关键的一步，既有传承性又有创新性。

小柴胡制剂方法具有重要的价值。首先是医学价值，小柴胡汤是《伤寒杂病论》首方，其疗效经过了历史的考验，是我国传统医学发展的重要标志。其次是医疗价值，小柴胡制剂是基于传统古方研制的中成药，有助于身体内环境的调节，对某些疾病有独到的疗效，临床应用广泛。再次是技术价值，小柴胡制剂方法从药材选择到清洗、炮制、煎煮、制成颗粒有一套严格完整的工序，把古法和现代技术相结合，具有技术价值。最后是经济价值，小柴胡制剂方法既历史悠久，又能与时俱进，社会基础好，经济开发效益好。

IX-4 端午午时茶

项目名称 端午午时茶

入选名录 第二批广州市级名录

流传地域 黄埔区

●晒干后的午时茶草药

历史渊源

端午午时茶是指在端午前后制作的传统保健药茶，亦称端午药茶、草药午时茶。民间认为，午时茶对消暑散热、祛风去湿、止吐止泻等疗效十分显著，一般中暑及伤风感冒，服用一两次便可药到病除。

午时茶的起源，传说与黄帝五月初封山草入药有关，但一般认为与我国古代五月采药蠲毒习俗有渊源。在古代，五月被视为“毒月”，五日则是“恶日”。所以在五月五日，人们要采药以蠲毒。《夏小正》载：“此日蓄药，以蠲除毒气。”《大戴礼》亦云：“五月五日畜兰为沐浴。”《岁时广记》卷二十二“采杂药”引《荆楚岁时记》佚文：“五月五日，竞采杂药，可治百病。”《养生论》云：“五月五日宜合截疟鬼哭丹。”唐孙思邈《千金方》云：“五日取葵子微炒为末，患淋者食前温酒服一钱，立愈。”南宋诗人陆游《乙卯重五》诗云：“重五山村好，榴花忽已繁。粽包分两髻，艾束著危冠。旧俗方储药，羸躯亦点丹。日斜吾事毕，一笑向杯盘。”显然，端午午时茶与五月采药蠲毒习俗有着十分密切的关系。

到了清代，就有文献明确记载广州喝端午午时茶的习俗。史澄《光绪广州府志》（清光绪五年刊本）云：“一公所平日预备端午药茶、建曲沙气万灵丹、藿香正气丸等药，遇感冒寒暑酌给，或验明延医调治。”张德彝《航海传奇》（清稿本）也有记载：“十九日辛酉，雨。自数日前陶矩林感冒、咳嗽，传言俄病由北风南吹至此，故通城男女染病者十之五六。不意今日余先觉周身寒冷，至晚则腰腿酸楚难堪，咳嗽多痰，因急煎午时茶，两块葱姜为引。戌初即卧。既而头痛目涨、通身烧如烈火，至子正稍退始眠……戌初，仍吃午时茶，加神曲三钱，食毕即寝。”

直到二十世纪五六十年代，饮用午时茶在萝岗还十分盛行，家家户户均会制作，但近年来端午午时茶已逐渐衰落。

基本内容

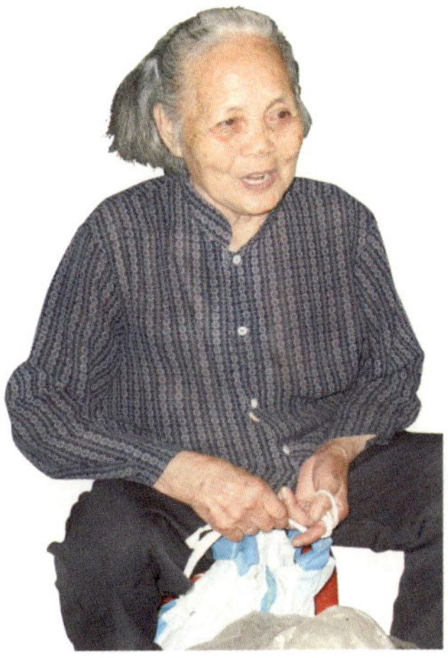

• 端午午时茶传承人李枢

• 端午午时茶传承人钟安然

端午午时茶的采药、晾晒、制作和饮用等习俗一般在端午节前后。

（一）采药

民间传说五月端午日为天医星临空，这一天百草都是药，而且治病药性特灵，其中尤以午时所采的药最灵。萝岗地区山林环绕，可用作午时茶的草药种类有上百种，一般常用的有二三十种，如淡竹叶、扭肚藤、地胆头、大罗伞、土防风、土荆芥、金银花、石菖蒲、火炭母等。草药的选择，要根据饮用者体质特征有针对性进行选取，在配方上各有讲究。热性体质的人，要减少热性草药，将午时茶配成凉性或温性的；寒性体质的人，则要加上热性草药；中性体质的人，则选用中性草药。

（二）制作

采集回来的草药要先分类清洗，然后晾晒，干燥后就可以用来煎茶。午时茶的制作比较讲究，在煎茶前要先炒一把米，古人认为米属正气，与端午的“至阳之气”相吻合。米炒至微黄，然后加入晒制好的草药，用清水煎制即成为地道的午时茶。制作午时茶对火候、草药及水的用量有一定要求，传承人李枢（已去世）曾说：（午时茶）汤水太多，则药力不足，汤水太少，则难以下咽。大人饮用，一般用草药 80 克，小孩用 40 克，一般加入三碗水最后煎成一碗汤药。

项目点评

饮用端午午时茶是从古代五月采药蠲毒习俗中发展而来的一种民俗，在广州主要盛行于黄埔及周边山区，既与传统端午节驱邪祛秽的习俗相关，有民俗性，还与岭南特有气候环境及民间医疗养生观念相关，有地域性，是岭南节令民俗的一个代表。端午午时茶有多方面的价值：其一，端午午时茶的传统药方具有一定的医学研究和临床运用价值，值得我们认真加以总结。其二，端午午时茶反映了我国民间对端午节节令与人自身健康、安全关系的一种认识，是我国传统巫术观念及“天人合一”思想的集中反映，具有一定的民俗文化研究价值。其三，端午午时茶制作过程中对草药的选择和搭配，反映了本地人对植物种类、特性的一种认知，是建立在实践之上的地方知识，具有一定的科学价值。其四，端午午时茶作为一种地方性的祛病养生方法，具有广泛的群众基础，这也为其像凉茶那样的商业化开发创造了条件，因而也有一定的商业价值。

IX-5 采芝林传统中药文化

项目名称 采芝林传统中药文化

入选名录 第三批广东省级名录、第二批广州市级名录

流传地域 广州市

历史渊源

1806年1月，广州南海河清堡黎氏与同族4人合股在广州惠爱中路（今中山五路）94号办起了前店后作坊的中药铺，以经营中药配剂为主，兼营一些膏丹丸散成药，以自制八宝清火通明眼丸和枇杷膏为特色，取名“采芝林”，番禺举人刘华东题写了“采芝林”牌匾。

1933年，采芝林传至第五代子孙黎子铭，仍以经营中药配剂为主，且增加了参茸、麝香、熊胆、珍珠、牛黄、燕窝、羚羊角、犀角等珍贵药材。此时，采芝林已成为广州著名的药铺之一，黎子铭也被选为广州杂药配剂同业公会理监事。以“兴药济世”为核心的采芝林文化渐成雏形。

1935年，采芝林由黎溢泉司理熟药丸散业，由黎穗初司理生药参茸业。在经营上，采芝林虽采用前店后作坊、单一药店、坐堂医生诊疗治病等多种模式，但因药材是微利行业，仅能维持生计而已，一直持续到抗日战争结束。

• 采芝林药店

• 采芝林中华老字号招牌

• 中药配剂场景

1955 年，广州采芝林药业有限公司（简称“采芝林”）的前身广州市药材公司成立。次年，广州市药材公司下属的广州市药材公司中药饮片厂（现名广州采芝林中药饮片有限公司）成立，该企业现在是广州采芝林药业连锁店的主力药品供应商，也是华南乃至全国最重要的药材加工、生产基地之一。

1956 年公私合营，采芝林改变了前店后作坊的经营方式，中药店与制药业务分离，不再自制成药，并被定为广州地区四间中药配剂重点店之一。

1973 年，广州市药材公司与原医药商业系统合并，成立广州市药品公司，对全市药品的制造和销售进行统一管理。改革开放后，市场发展对产业部门专业化要求提高，广州市药品公司于 1981 年撤销，同时恢复成立原来的广州市药材公司。

1996 年，广州市药材公司以其下属的 96 间国有零售药店为基础，成立了以“采芝林”为商号的全国首家大型药业连锁企业——广州采芝林药业连锁店。

2006 年 11 月国家商务部授予采芝林“中华老字号”称号，是广东唯一一家获此称号的医药商业企业。

2008 年，广州市药材公司正式更名为广州采芝林药业有限公司，同时其下属广州采芝林药业连锁店更名为广州采芝林药业连锁有限公司、广州市药材公司中药饮片厂更名为广州采芝林中药饮片有限公司。

基本内容

采芝林中药文化内容主要体现在四个方面：一是“兴药济世”的老字号；二是中药材鉴别技艺；三是中药饮片炮制加工技艺；四是立足岭南用药传统，汇集四方道地好药；五是创新发展的药店经营模式。

一、“兴药济世”的老字号

“采芝林”寓意采神药之灵气，除世人之疾患。采芝林创立伊始即定下“兴药济世”的开店宗旨，也是采芝林老字号的核心。历代司理秉承宗旨，规定进货必选择优等药材，精心制药售药，确保真材实料，童叟无欺。“收好药、做好药、卖好药”是采芝林“兴药济世”的基本原则。

老药工刘明向周路山、陈学鹏传授药材鉴别技艺

二、中药材鉴别技艺

中药材鉴别，就是对中药材的真伪优劣加以识别和辨别，是保证药材质量的关键。传统鉴别方法主要靠经验，包括眼看、手摸、鼻闻、口尝、水试和火试等，它在今天的药材鉴别中仍发挥着巨大的作用。

采芝林药材鉴别技艺以参茸幼药的鉴别最具特色。如人参苦中带甜者为真，带麻辣、酸涩者为假；麝香入热水即化，火烧则迸裂，香气浓烈四溢；燕窝优质者呈丝条状排列，水浸润呈银白色。

三、中药饮片加工炮制技艺

饮片加工炮制是指在中医理论的指导下，按中医用药要求将中药材加工成中药饮片的传统方法和技术，古时又称“炮炙”“修事”“修治”。药物经炮制后，不仅可以提高药效、降低药物的毒副作用，而且方便存储，是中医临床用药的必备工序。

炮制是中药传统制药技术的集中体现和核心，“饮片入药，生熟异治”是中药的鲜明特色和一大优势。采芝林的中药饮片加工炮制传统十分悠久。广州采芝林中药饮片有限公司的前身是五家在中药饮片加工炮制方面有独特技艺的老药店：永德祥药店，1935 年开业，位于十三行路普源街，以手刨当归，手切北芪驰名，其归片以片张均匀、色靓、齐手见著；成昌中药店，1945 年开业，位于桨栏路东横街，以炮制茯苓片闻名，所加工的茯苓片呈香烟状，有“卷茯”之称；和合祥药店，1946 年开业，位于桨栏路豆栏街，以精致手刨元胡片而出名，片张不残缺，呈灯盏状；裕兴祥药店，1946 年开业，位于十三行路任安街，以自创火炮天雄、手刨川芎片、制法半夏而著名；和兴合药店，1947 年开业，位于十三行路普源街，以经营饮片为主，因加工精细而获赞誉。多年来，五家药店的品牌产品，均畅销粤港澳地区。1956 年五店合营成立药材整理加工场，1985 年更名为广州市药材公司中药饮片厂。

采芝林饮片加工炮制工艺要求所有原药都必须经过认真挑选和整理，对药材进行水制、切制、干燥（包括日晒）、炮炙等加工工艺都有严格的质量标准。由于药性的差异和临床的需要不同，各种药材要选择不同的炮炙方式，或醋炙，或蜜炙，或盐炙，或蒸制，或煮制，或煅制。同一种药材，经过不同的炮制其药效往往会有差异，如甘草生用则清热解毒，蜜炙则温补中气。

采芝林秉承“尊古、继承、整理、提高”的中医制药理念，在引入现代工艺的同时依然保留大量饮片加工炮制工艺的传统特色。

采芝林的各种饮片加工工艺中，以茸片加工工艺最具传统特色。从整茸、扎茸、刨茸到排茸、包装，不用任何现代机械，全凭师父多年积累的经验完成。

鹿茸经过挑选、去毛、酒浸之后，进入刨茸间，进行切片加工。先由扎茸师傅用布带缠绕茸体，使鹿茸的各个部分保持相同的粗细，这样切出来的茸片才能整齐、无破碎。鹿茸是鹿科动物头上未骨化的幼角，每一根鹿茸的形状、质地都不一样，扎茸的师傅全凭手感，在每扎一道布条时师傅都能根据鹿茸的形状运用不同的力道，扎出规格统一的茸体。

鹿茸扎好之后就可以切片，也就是刨茸。切片时，刨茸师傅坐在刨凳上，以刨枕垫住刨头，用刨夹固定扎好的鹿茸，将鹿茸切成大小均匀、片张完整的茸片。刚切好的茸片放在手心会微微卷起而不破碎，可见其质地之薄。

据采芝林扎茸、刨茸的两位师傅说，传统的茸片加工技艺，有机械加工所不能取代的优势。技艺高超的药工可以因材施艺，而机械加工因工艺单一，往往不能保证片张的规格，破损率高。

•蜜炙甘草

•扎茸

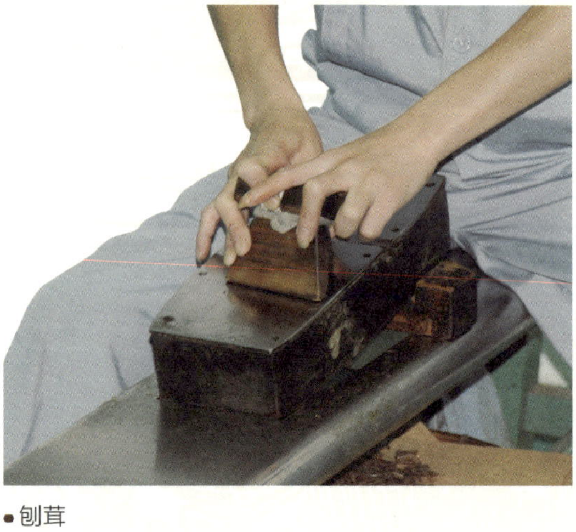

•刨茸

•排茸

•分茸

•采芝林牌鹿茸片礼盒装

四、立足岭南用药传统，汇集四方道地好药

采芝林位于华南地区最大的药材集散地广州，它经营药材的成功之道即“立足岭南用药传统，汇集四方道地好药”。

独特的人文地理环境，使岭南用药传统自成风格，同名异物、炮制方法独特等情况十分常见。如广东地区所说的法半夏，就不同于《中国药典》收载的“法半夏”，后者在广东地区很少使用。再如马钱子粉，在广东一般使用炮制过的马钱子粉，而《中国药典》中的“马钱子粉”则是用生药直接研粉。针对以上现象，采芝林皆以岭南用药传统为准，并参与制定《广东省习用药材标准》，使岭南用药有规范可循。近年来采芝林还特别关注茶剂、汤料等配合岭南传统养生饮食习俗的产品开发。

所谓道地药材，是指某些药材在特定环境和气候等因素的综合作用下所形成的具有明显地域特征，历史悠久，产量大、质量优，生产及加工技术成熟的药材。采芝林选用药材十分注重产地采购，如冬虫夏草的采购，每年派员工赴西藏那曲地区组织货源，对野山参则都去东北三省采购。

五、创新发展的药店经营模式

创始之初的采芝林与同时代的绝大部分药铺一样，采取前店后作坊、自产自销的模式，这可以说是老药铺的典型经营模式。但随着时间的推移，采芝林基于自己善于参茸鉴别，精于中药配剂等特点，将经营重心渐渐转向药材销售。

广州市药材公司于 1955 年成立，集结了广州地区 300 余家中药店铺进行成药销售。这种全市一盘棋式的统一管理、统一改造，虽然有利于快速提高从业者的生活水平，使中药市场规范化，却不利于中药市场形成良性竞争。

进入 20 世纪 90 年代，随着市场的进一步开放，广州市药材公司以一种敢为天下先的探索精神，于 1996 年率先成立全国第一家连锁经营药店，并延续了“采芝林”品牌，取名“广州采芝林药业连锁店”。连锁经营模式使得采芝林经营药品的种类更丰富，覆盖的区域更广。

• 采芝林门店

代表性传承人

周路山　男，1957 年生。广州采芝林药业有限公司董事长、党委书记。1978 年 9 月至 1982 年 7 月在黑龙江商学院（哈尔滨商业大学）中药学专业学习。1991 年 2 月，正式拜全国老中医药专家刘明为师，学习中药技艺，并于 1994 年学成出师。在中药鉴定技术方面，他将以经验判断为主的药材鉴定手段和现代理论化科学鉴定方法相结合，获得了前所未有的高效率和好效果。在周路山的带领下，采芝林建成了国内最全的中药材标本库，共收有 1000 多个标本。周路山还擅长将科研实践转化为理论成果，在 30 多年中药鉴定从业时间里，他发表了多篇学术论文，独立编写或参与编著的著作有 6 部。

• 采芝林传统中药文化代表性传承人周路山

项目点评

采芝林传统中药文化是岭南医药文化的典型代表之一，其独特的中药配方，选材之地道、筛检之严谨，在同行业中独树一帜，具有典型的岭南特点。

采芝林“兴药济世”的经营宗旨，体现了我国中药文化济世观的精髓，是岭南医药文化的典型代表。采芝林积极传承、保护中药饮片加工炮制技艺，尤其是对岭南地区特有药材加工技艺的继承，对弘扬我国传统中药文化具有重要的意义。采芝林药业通过优质的药品、完善的服务，源源不断地向顾客传播优秀传统中药文化，使得人们对祖国传统医药文化的博大精深和中华民族的伟大智慧产生深深的认同感。由于岭南人历来信赖中医，青睐中药，故采芝林传统中药文化至今仍具有良好的生存土壤。

IX-6　敬修堂传统中药文化

项目名称　敬修堂传统中药文化

入选名录　第三批广东省级名录、第二批广州市级名录

流传地域　广州市

历史渊源

广州敬修堂始于清乾隆五十五年（1790年），由浙江慈溪商人钱树田所创建。钱树田名世禄，字宠光，号树田，人称树田公。自幼习读儒家典籍，晓通医道，自制了不少丸、散、膏、丹等药剂，在往返于杭州、广州两地进行丝绸贸易时，常为沿途病患施医赠药，治好不少疑难杂症。因医治好一位富商的儿子，富商便出资相助钱树田开办药铺，药铺位于广州城南门口太平桥（今人民南路175—179号），经营药品主要有自制的“回春丹”“乌鸡丸”等。“敬修堂”寓“敬业修明、普济众生”之义，商标是“园田牌”，既隐喻钱树田名字意义，又喻“有钱有田”“内方外圆”之义。

同治六年（1867年），为完善经营管理，钱家后人分为乾、坤两房。乾房下分金、玉两房；坤房下分为仁、义、礼、智、信五房，各房立有详细而严密的协议。光绪八年（1882年）农历七月初三，敬修堂药铺因旁边的茯苓店油灯失火而受到殃及，协议烧毁。为了复兴旧业以及整顿店规，各房重新共同商议，立下店规九条，各房均存一本，并于光绪九年（1883年）农历八月立碑永志。

• 敬修堂人民南旧店貌

到了民国年间，敬修堂的规模有了进一步的发展，兴建了三间营业铺面和三层砖木结构的生产厂房，生产工艺和管理也日渐改进。敬修堂严格执行石碑上订立的店规，在继承人选

•宝儿丹

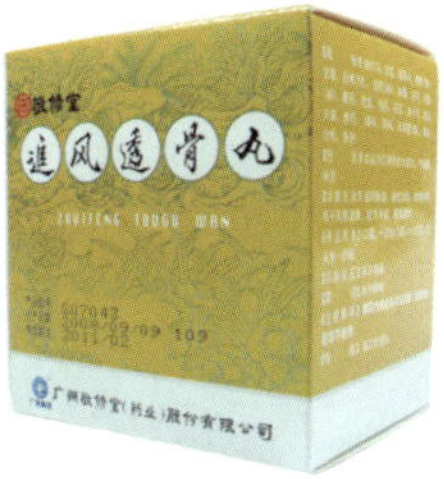

•追风透骨丸

•如意膏

•20 世纪 80 年代初改造中的人民南厂房

择、诚信经营、药品精制等方面都严格按照要求，是当时岭南有名的中药商号。

1956 年，敬修堂与万灵堂中药厂、张安昌中药厂、邓可安佐寿堂药店、黄贞庵药局等 8 家私营企业，以及邓俊庭、岐芝堂等 14 家个体企业，组建了广州敬修堂联合制药厂，使其“园田牌”产品得以充实与扩展。内服药有乌鸡白凤丸、理中丸、保和丸、活络丸、回春丹、宝儿丹等；外用药有如意膏、红毛坠金膏、太乙膏、疮科膏等。制药设备也在逐步改善，开始用锅炉煮膏药。

1966 年，广州敬修堂联合制药厂并入广州中药总厂，改名为广州中药六厂，园田商标也随之取消。1974 年，广州中药总厂撤销，敬修堂药厂恢复为独立企业。1981 年 9 月恢复广州敬修堂药厂和 “园田牌”商标。1982 年成立了研究所，专门进行新产品的研制和老产品的改良工作，先后成功研制投产了化痔栓、复方小儿退热栓（对乙酰氨基酚栓）、宫颈炎栓（鱼腥草素钠栓）、盆炎清栓及追风透骨丸、中风回春丸等产品。1992 年 12 月，广州敬修堂药厂改组为广州敬修堂（药业）股份有限公司，成功研制出清热消炎宁。2005 年，敬修堂 1790 化妆品直营旗舰店正式开张营业，开始打造药妆新品牌，同年敬修堂被广东省社会科学院评为“最具社会责任

●敬修堂员工在生产救灾药品

感的企业”，2006年成为商务部颁发的首批“中华老字号企业”。2012年5月29日，敬修堂正式冠“白云山”商号，实现大品牌和老字号的珠联璧合。

敬修堂现隶属广州白云山医药集团有限公司，生产丸剂、胶囊剂、栓剂、散剂、颗粒剂、搽剂、酊剂、锭剂、橡皮膏剂9个剂型140多个品种。

基本内容

敬修堂是一家老字号中药企业，制药技艺、老字号文化是其传统中药文化的基本内容。

一、制药技艺

（一）传统黑膏药制作工艺

膏药是我国的一种传统剂型。战国时期我国第一部医药经典著作《内经》中记载了专治腋部小溃疡的“豕膏”。唐初膏药用于临床。宋代的膏药的种类越来越多，治疗的范围也越来越广。到清代，膏药已经发展成为普遍的民间医药。

黑膏药系以食用油炸取药料，去渣后在高温下与黄丹反应而成的铅硬膏。制作工艺复杂，一般包括原料选择、药料处理、药料提取、炼油、下丹成膏、去火毒等工艺。

1. 原料选择。黑膏药的基质原料主要是植物油和黄丹。植物油以质地纯净的麻油为佳，亦可以采用棉籽油、菜籽油、花生油等，不宜用豆油。黄丹主要成分为四氧化三铅，纯度要求在95%以上。

2. 药料处理。药料处理一般分为两类：对根茎叶等中药粗料按处方取好后，进行适当粉碎以备用；对贵重药与芳香药等细料按处方取好后，要精研成细粉，摊涂时撒在膏药表

•计量工具厘秤

•造药工具碾船

面，或在摊涂前投入熔化的膏药中混匀。

3．药料提取。取植物油置锅中，微热后将药料投入，加热并不断搅拌，直至药料炸至表面深褐色内部焦黄为度。此时温度可达220℃，炸好后可用铁丝筛捞去药渣，去渣后的油为药油。

4．炼油。取上述药油继续熬炼，待油温度上升到320℃，改用中火。炼油的火候：一是看温度计，达到规定温度；二是看油烟，开始为浅青色，渐为黑而浓，进而冒白色浓烟，无风时白烟直上；三是看油花，沸腾开始时，油花多在锅壁周边附近，当油花向锅中央聚集时为度；四是看滴水成珠，取少许药油滴于水中，不散开成珠状为度。

5．下丹成膏。药油炼成后，离火下丹，一般500克油可加250克左右黄丹，黄丹在下前先干燥并过100目筛。少量加丹，边加边搅动，一定要向同方向搅拌。搅成黏稠的膏体，膏药不粘手，拉丝不断为好，过硬则老，过黏则嫩。

6．去火毒。膏药制成后放入冷水中浸泡，每一日换一次水，七日后膏成。

敬修堂的膏药产品品种多且皆为秘制配方，精心熬制而成，在岭南地区颇负盛名。如意膏、万灵堂红膏药、邬福至堂半边消膏、罗芝庭太乙膏等，都是早期知名产品。随着科技的不断进步，敬修堂将传统成方与现代工艺相结合，使膏药制作实现了机械化，膏药产品外观美观，药性稳定，疗效更好。

（二）跌打万花油制作技艺

跌打万花油始创于1878年，原属“普生园”蔡忠经验方，用植物油为基质，浸渍86种中草药，混合9种芳香剂精制而成。初期制作设备简单，用酒缸、铁桶、炉灶、人力压榨机等，采用手工操作，周期长，

●万花油浸渍设备

●早期万花油灌注设备

效率低。1983年以后，敬修堂改造、更新了场地和设备，对原配方进行筛选优化，使用现代工艺技术，提高了质量，缩短了工艺流程，提高了生产效率。1989年“跌打万花油”获得国家银质奖，被列为国家中药保护品种，进入国家医疗保险目录。

二、老字号文化

敬修堂以“敬业修明、广施妙药、普济众生”为经营宗旨，具有严格的管理制度。光绪九年敬修堂的“本堂七房议据照录石碑”有九条：（1）关于利益的分配；（2）关于制约透支行为；（3）关于分红方式；（4）关于用人；（5）关于亏欠的追债；（6）关于保存世业；（7）关于屋契的保管；（8）关于药料、药方的管理；（9）关于置办义田。对财务、用人、药料、药方管理等都有详细的规定，如对药料管理的规定：精置药料，存心济世，一切进货务须格外精细云云。由此可见，传统的字号文化，是敬修堂200多年屹立不倒的重要原因之一。

项目点评

敬修堂是一家历史悠久的中药企业，在其200多年的发展历史中，始终坚持“敬业修明、广施妙药、普济众生”的宗旨，拥有独特的中药制作技艺、传统且富于创新的企业文化，是岭南中药文化的典型代表。

敬修堂“敬业修明、广施妙药、普济众生”的字号文化，内方外圆的“园田牌”商标文化，以及不断研发、创新的企业精神，都具有代表性，是这个老字号企业发展至今并不断壮大的法宝。

敬修堂中医药文化不仅对于研究我国传统制药历史有价值，对传承与发展传统的膏药、风湿药制作技艺有价值，而且对于弘扬和发展我国传统的医德文化具有重要意义，对建立诚信的药企文化、和谐的医患关系具有积极的现实意义。

IX-7　西关正骨

项目名称	西关正骨
入选名录	第三批广东省级名录、第二批广州市级名录
流传地域	荔湾区

历史渊源

西关正骨是以整复理伤、百年名药和杉皮夹板为治疗特色的传统正骨疗法，因发源流行于广州西关（今荔湾区）而得名，是岭南伤科的典型代表。

西关正骨疗法，渊源与秦汉以来的中原医家南迁和佛教传播有关。传说 304—316 年东晋医家葛洪为避战乱南来广东，栖身西关，倡小夹板夹缚固定骨折，其《肘后备急方》就记有正骨疗法。424 年，印度达摩禅师来到西关，结草为庵（西来庵，今华林寺），创医疗体操《易筋经》。西关正骨疗法的近源与明清之际佛门伤科南下有关。明末清初，福建南少林寺被清兵焚毁，僧众南下，广收徒弟，使佛门伤科在广州得以传播，西关正骨医家何源、李才干、蔡忠等都来自佛门伤科。

• 西关正骨源远流长

明清两代南海名医冼嘉征、郭治、何克谏、何梦瑶、何源、岑伯赞、肖步丹、梁财信等均来往于西关。清末民初，集医武于一身的黄飞鸿、何良显、李才干、黄汉荣、林世荣等医家，纷纷在西关设有医馆、药铺、武馆。他们广收门徒，以武辅医，医武兼修，功术同练，疗伤自治，同时在手法技巧、杉皮夹缚固定技术、用药特点方面与西关伤科世家如蔡忠、管炎威、李佩弦、廖垣等进行交流，丰富了伤科正骨技法，使西关正骨体系更为完善。

至20世纪初，西关地区已是医馆林立，名医荟萃，在长寿路、龙津路、和平路等形成多条“三步一馆”的中医药街，在光复路、文昌路、梯云路、多宝路以及冼基路、十三行一带也分布了众多医馆和武馆。著名的广东公医学堂、省城药材行和广东精武会、中西药局分别设在西关十三甫北约、上九路和桨栏路一带。

1935年初，何竹林与同道陈伯和在西关成立了粤海伤科联谊会，由何竹林、管季耀等一批西关正骨医生轮流坐诊，为贫苦病者赠医施药。1946年粤海伤科联谊会活动恢复后，何竹林的“正骨手法述要”“伤科内治法探微”，管霈民的“救护学之包扎操作”，蔡荣的“《正体类要》阐发”，霍耀池的“黄贞庵治疮痛八法”，黄耀燊的“小儿骨折治验”，罗广荫的“痹证论治”等治疗心得体会在行内得到交流。

1949年以后，何竹林、李广海、黄耀燊、蔡荣、管霈民、李佩弦等一大批西关正骨名医受聘于中医院校，从事教育和医疗工作，培养了大批骨伤科专业骨干。从20世纪50年代后期到70年代初期荔湾区卫生局先后办了六期中医正骨学徒班，学员遍及广东地区。

西关骨科名医

基本内容

西关正骨以整复理伤、百年名药和杉皮夹板为主要疗法，治疗各种骨折、脱臼、筋伤、骨质疏松症，因其取法自然、简便实用、成本低廉、疗效确切而且具有无创伤、愈合快、后遗症少的特点，深得群众喜爱，被称为西关正骨“三绝”。

一、整复理伤

整复理伤是指医生对患者躯干、肢体，对骨折、关节脱位以及筋肉损伤等进行整复移位、理筋、恢复功能的治疗方法，一般包括由正骨和理筋两种手法，可根据需要单独或联合使用。

正骨手法，主要适用于骨折与脱臼，包括触摸、牵导、端提、挤压、旋转、屈伸、分骨、折顶、回旋、捺正、叩击等，要求掌握“刚、柔、迫、直”的力度和复位的时机，注意医者施术的站位。何竹林、蔡荣、李家裕、何应华等人对其进行传承发展，以何（竹林）氏传承发展的“桡骨下端骨折牵导端挤法”“前臂双肢骨折牵导分骨法”“肱骨髁间骨折牵导屈伸捺正法”“肱骨外科颈骨折纵向叩击法”“颞颌关节脱位一抹嘴复位法”“肩关节脱位旋转复位法”“肘关节脱位牵导屈伸复位法”“髋关节后脱位牵导旋转复位法”为代表。

李国准整复手法治疗患者

理筋手法，主要适用于跌打扭伤、各类颈肩腰腿痛疾患、风湿骨痛等症。大致可归纳为推拿、按摩、揉捏、叩打、振抖、挤压、运摇、引导等法，可缓解全身性肌肉疲劳，通过舒筋活络，滑利关节，松解粘连，纠正解剖位置的失常，达到骨正筋柔，气血以流，同时可以调节神经反射，促进组织新陈代谢。代表性的理筋手法主要有李（国准）氏手法、彭（建雄）氏手法、黄（世波）氏点穴法、张（宜新）氏古方药棒按摩法。

二、百年名药

西关正骨配制的传统名药来自天然药材，具有辛凉祛风、消肿定痛等功效。代表验方是何竹林的“田七跌打风湿霜”“跌打酒”“外用骨洗剂”“生肌膏”“金枪膏”

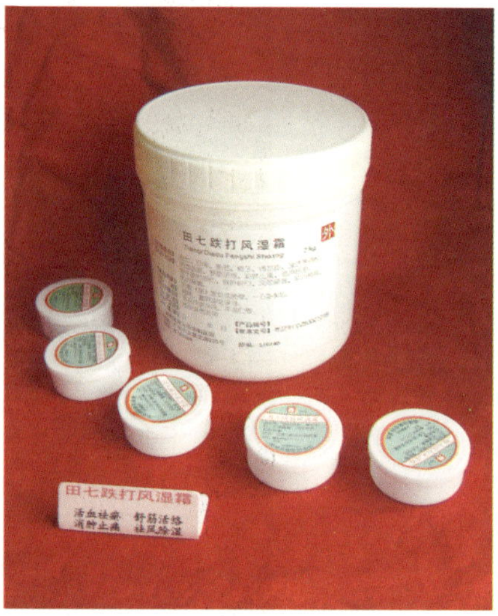

田七跌打风湿霜

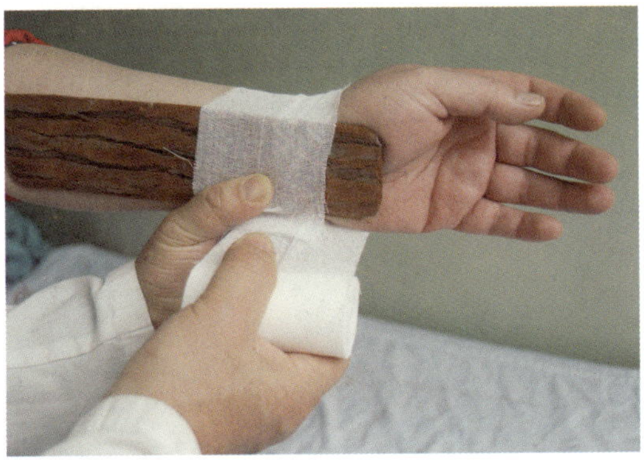

• 杉皮夹板固定上肢骨折

等，在粤港澳及海外粤语侨胞中有广泛的群众基础。此外，黄耀燊的“双柏散”“骨仙片”，蔡荣的“跌打万花油”，罗广荫的“土地骨汤”，霍耀池的“肾气丹”等验方也很有影响。

三、杉皮夹板

杉皮夹板是固定骨折的原生固定材料，其材质轻盈，富有弹性，配合百年名药外敷，透气疏风，易于更换，整复时易夹缚，夹缚固定后易调整，便于功能锻炼。它有别于石膏的完全固定理念，动静结合治疗骨折，避免了关节强直、肌肉萎缩、骨质疏松、骨折延迟愈合或不愈合等并发症的发生。

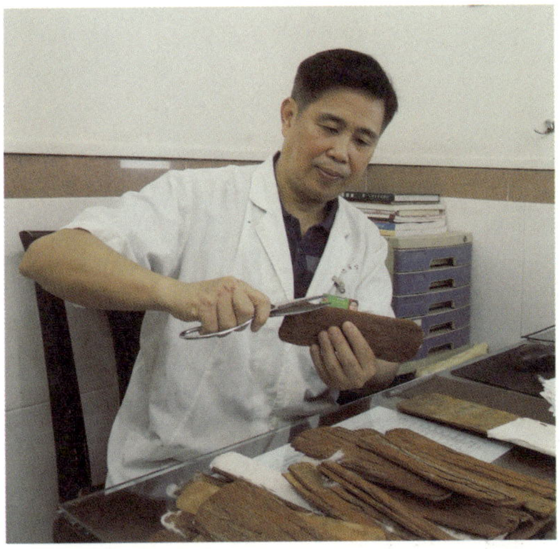

• 西关正骨代表性传承人李主江

代表性传承人

李主江 男，1955年生，副主任中医师。师承岭南伤科名家何竹林长子何应华，是何氏伤科第六代传承人。1984年从广州中医药大学毕业后到荔湾区骨伤科医院工作。他继承了何氏伤科重视筋骨解剖的特色，能娴熟运用“刚、柔、迫、直”的力度和复位时机整复骨折，对肘关节、膝关节等骨折达到动中复位的无创要求。他还善用岭南本草治疗伤科及颈肩腰腿痛，对何竹林伤科验方中的各类膏、丹、丸、散等药物配制工艺和流程全面掌握，尤其对何氏田七跌打风湿药酒方的剂型改进有较深的研究。2003年与老师何应华共同编著出版了《何竹林正骨医粹》。

• 西关正骨专著

李国准 男，1951 年生。是李氏骨伤科的第四代传人。他在继承祖传医学的基础上，顺应时代潮流，把其与现代医学相结合，在诊断治疗脊柱疾患特别是颈椎病、腰椎间盘突出等方面，提出了“通过手法复位，使突出物复位到发病前的神经代偿区域，打破炎症与压迫之间的恶性病理循环”的新理论，并根据不同的症型及 DR（数字 X 射线摄影）、CT（计算机断层扫描）、MRI（核磁共振成像）等现代影像学进行定位，开发出一整套治疗颈椎病、腰椎病等脊柱疾患的手法，在临床中不断改进完善，将李氏骨伤科发展到了一个新的高度，是荔湾区骨伤科医院“颈肩腰腿痛”的学科带头人。

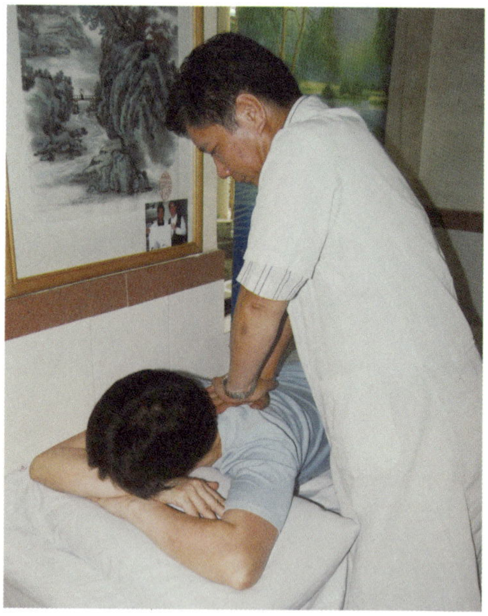

• 西关正骨代表性传承人李国准

张宜新 男，1954 年生。1973 年起跟随荔湾区正骨名医李家裕、何应华学习西关正骨技术，从 2001 年至今任荔湾区骨伤科医院院长，领导全院发掘、继承、发展了“西关正骨”地方中医特色文化，总结出了西关正骨“三绝”（整复理伤、百年名药、杉皮夹板）技艺和“四宝”心法（崇德厚生、天然绿色、无创微创、辨证论治），创新发明了西关正骨古方药棒疗法，将药敷（熨）法、棒击法与按摩法等，三法合一，主编了《西关正骨医学文集》，组织成立了西关正骨研究室、博物馆和文化园，扩大了西关正骨品牌影响。

• 西关正骨代表性传承人张宜新

项目点评

西关正骨是中原医家与佛门伤科南下后与岭南气候环境、民俗、武术、医药文化相融合的产物，以整复理伤、百年名药和杉皮夹板“三绝”为治疗特色，是岭南医学的典型代表。

西关正骨独具特色的理、法、方、药和外治方法，在粤港澳及海外粤语华人中有广泛的群众基础，有利于提升海内外粤语华人的凝聚力。西关正骨手法注重筋骨并重，复位准确，愈合快，具有无创、微创的特点；而杉皮小夹板固定，适合岭南气候，具有轻巧透气，易于更换，利于功能锻炼的特点。西关正骨以“恫瘝在抱，治病救人”的理念和安全实用、成本低廉的特点，可以有效地缓解群众看病难、看病贵的问题，为人民群众的健康发挥了应有的作用，对弘扬我国传统中医药文化具有重要的意义。

IX-8　岭南传统天灸疗法

项目名称　岭南传统天灸疗法

入选名录　第四批广东省级名录、第三批广州市级名录

流传地域　广州市

历史渊源

天灸疗法，又称药物灸、发泡灸，是采用对皮肤有刺激性的药物敷贴于穴位或患处，通过局部皮肤自然充血、潮红或起泡来治疗疾病的方法。因天灸药物是自然渗透到人体皮肤或腧穴中，所以又称“自然灸”或“自灸”。又因天灸是不用任何热源而进行灸治的方法，又称“无热灸”或“冷灸”。

天灸疗法的源头最早可溯至战国晚期，1973 年湖南长沙马王堆汉墓出土帛书《五十二病方》记载的某些治病方法，已经具备了天灸的特征。《史记·扁鹊仓公列传》、西汉史游所编《急就章》记载了以灸法治病的案例。

晋代曾在岭南行医的葛洪、鲍姑夫妇是岭南传统天灸疗法的开创者。葛洪《肘后备急方》记载了 10 多种以药物贴敷穴位使之发泡来治病的验方，并把天灸治病范围从外科疮疡扩展到了多种内科疾患。至此，虽无“天灸”之名，但药物外敷发泡疗法已成为岭南地区的一种常用治疗方法。

● 天灸疗法相关医学著作

● 广东省中医院三伏天灸贴药场景

南北朝时的宗懔在《荆楚岁时记》记载：“八月十四日，民以露水点儿头额，名为天灸。”虽然这种旧俗与现代天灸发泡的方法不同，但这是目前文献中关于“天灸”一词的最早记载。

宋代《针灸资生经》系统阐释了“天灸”疗法的概念。明代《本草纲目》和清代《张氏医通》《理瀹骈文》等进一步发展了天灸疗法的内涵。

明清时期天灸疗法在岭南的发展，在岭南众多著名医家著作中也有所反映。明代琼山（今海南琼山）人丘濬的《本草格式》《重刊明堂经络前图》《重刊明堂经络后图》《群书抄方》，清代岭南叶广祚的《采艾编》、何梦瑶的《针灸吹云集》、易艮山的《男女小儿针灸》等著作，都对岭南天灸的发展有记述。

近代岭南医家曾天治和周仲房通过创建中医学校、编写教材等方式传承、发展了岭南天灸。周仲房的弟子司徒铃在广东省中医院工作期间，培养了以刘炳权、符文彬、陈全新、林文仰等为代表的一大批弟子及再传弟子。他们在清代张璐《张氏医通》所载治哮喘“天灸”验方基础上，结合岭南地区民间天灸经验，建立了以过敏性鼻炎、哮喘、慢性支气管炎、虚寒性胃痛为主治病种的“三伏”天灸和“三九”天灸疗法体系。

• 传统的研磨工具

基本内容

岭南传统天灸疗法常用的药物有斑蝥、毛茛、巴豆、生天南星、石蒜、生半夏、生草乌、生附子、甘遂、白芥子、细辛、吴茱萸、皂角、威灵仙等。

岭南天灸疗法种类多，如白芥子灸、旱莲草灸、蒜泥灸、斑蝥灸、细辛灸、甘遂灸、威灵仙灸、吴茱萸灸、五倍子灸、丁桂散灸、葱白灸、小茴香灸等，目前，在岭南地区盛行的主要是“三伏”天灸和“三九”天灸。

• 岭南传统天灸常用药物（细辛、白芥子、延胡索、姜、威灵仙、甘遂）

岭南传统天灸疗法适用于内、外、妇、儿各科疾病，如呼吸疾病中的虚人感冒、鼻炎、慢性支气管炎、哮喘等；胃肠疾病中的胃肠功能紊乱、慢性胆囊炎等；骨科疾病中的骨关节炎、颈腰椎病、软组织劳损等；外周神经病中的三叉神经病、面神经病等；皮肤病中牛皮癣、神经性皮炎、寻常疣等；妇科疾病中的月经不调、痛经等；儿科疾病中的遗尿、厌食等。

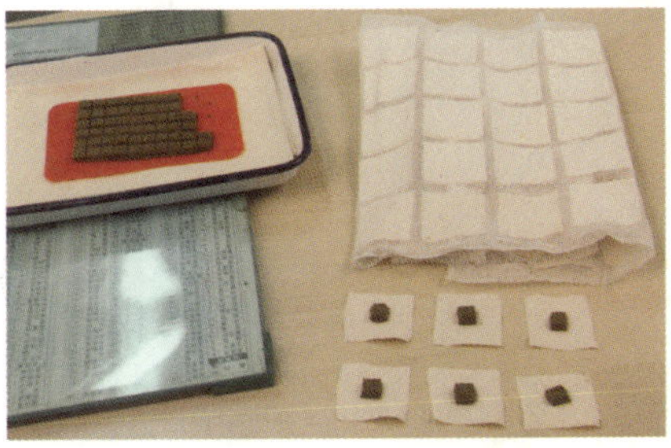

• 调制成的天灸膏

“三伏”天灸、“三九”天灸，根据“天人相应”“冬病夏治”“春夏养阳”等理论，以经络腧穴理论及中医时间治疗学为基础，选用芳香、辛温之品研末调制，在“三伏”和“三九”期间进行敷贴以治疗支气管哮喘、过敏性鼻炎、慢性胃肠炎、风湿性关节炎等顽固性疾病。是目前临床应用最为广泛的一种天灸疗法。

代表性传承人

符文彬 男，汉族，1963年生，主任医师，全国杰出青年中医。符文彬师从岭南著名针灸大家司徒铃教授，在其言传身教下，尽取其学术精华。同时，在刘柄权教授的悉心指导下，针灸技艺不断进步。符文彬注重临床，重视经典，重用灸法，尤善天灸疗法，通过贴敷药物的选择，剂型的改良，在中医辨证论治基础上，利用包括背俞穴、五腧穴等特定穴治疗包括痼疾在内的多种临床病症。曾到美国、以色列、泰国、马来西亚等国进行讲学和医疗指导。在国内外学术刊物发表论文85篇（其中核心期刊50篇，SCI 10篇），主编著作4本。主持“十一五”国家科技支撑计划及国家自然科学基金项目各1项，国际合作项目1项，省部级课题9项，厅局级课题6项。

• 岭南传统天灸疗法代表性传承人符文彬

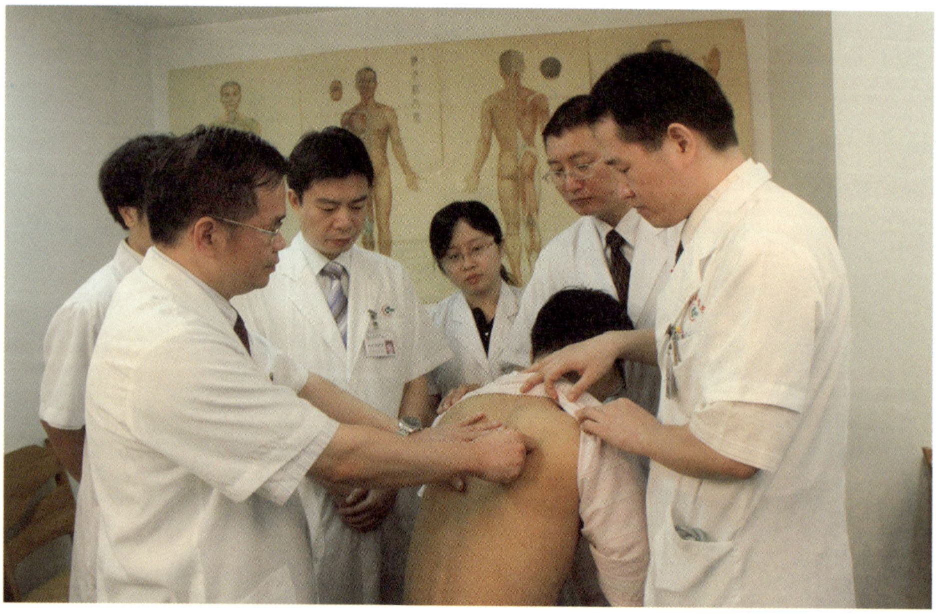

• 岭南传统天灸疗法代表性传承人符文彬（左一）给学生做示范

徐振华 男，1970年生。先后师从著名老中医靳瑞、省级代表性传承人符文彬，现为广东省中医院针灸科主任。重用灸法，尤善天灸疗法，结合自身多年的临床实践和经验总结，探索出一套天灸疗法的优化治疗方案，通过贴敷药物的选择以及剂型改良，能利用包括背俞穴、五腧穴等特定穴治疗呼吸系统疾病、妇科疾病等多种临床病症。主持、参与了“天灸治疗支气管哮喘的规范化研究”等多项天灸疗法的研究课题，主编《岭南传统天灸疗法》，并通过培训、学术交流等方式传播天灸疗法。

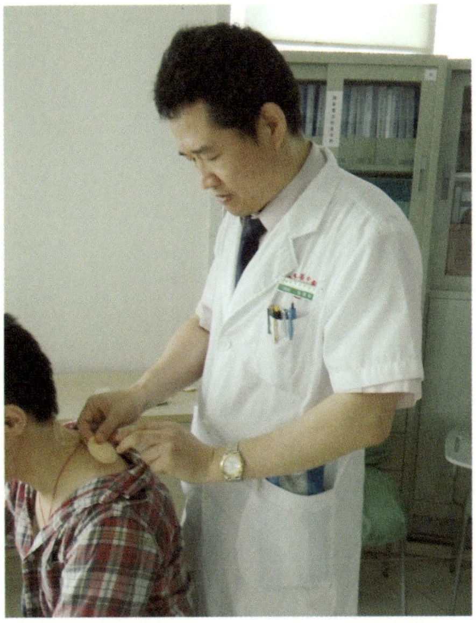

岭南传统天灸疗法代表性传承人徐振华

项目点评

岭南传统天灸疗法是中国传统医学智慧的结晶，也是中国传统文化的代表之一，具有鲜明的民族文化和地域文化特征。其历史悠久、传承谱系清晰、操作简便、疗效可靠，用药和疗法适合岭南气候和发病特点，有广泛的群众基础和鲜明的地域特征。它的治未病理念与现代人养生保健观念相吻合。它所蕴含的冬病夏治、内病外治等中医理论和丰富的中药知识，具有重要的医学研究和临床价值。

民俗

X-10　玉岩诞

项目名称　玉岩诞

入选名录　第二批广州市级名录

流传地域　黄埔区

历史渊源

玉岩诞是广州市黄埔区钟氏族人为纪念钟姓二世祖钟玉岩而举行的传统民俗活动。钟玉岩，名启初，字圣德，号玉岩，生于南宋高宗绍兴二十五年（1155 年）农历五月二十日。其父钟遂和为钟姓始祖。钟玉岩于宁宗开禧元年（1205 年）中进士，先后在京城及地方任职，官声宦绩显著。后遭奸臣排挤，于嘉定十二年（1219 年）告老还乡。致仕以后，钟玉岩于萝坑精舍课子授徒，理宗宝庆元年（1225 年）去世。其子钟仕绅为父亲塑像于萝坑精舍正殿，并将萝坑精舍更名为玉岩书院。

●《萝峰纪略》上玉岩公遗像

元代，钟玉岩之曾孙钟复昌增修玉岩书院，重塑玉岩遗像，制定家训，并开创“上元节文会”之先例。每次聚会，钟氏子孙都会“拈香告祖”。《钟氏族谱》称：“祭先代定于每岁上元日致祭，因无祭田，出自子孙各人兴心备物肆祀，是致有岁祭，或有岁不祭，非礼也。”

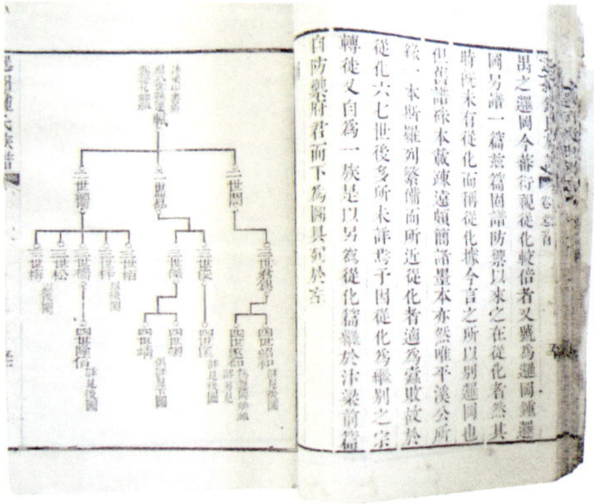
●《钟氏族谱》

明代玉岩书院渐成为集教书育人与供乡民祈福，融儒、释、道于一体的宗法教化场所。自钟复昌举办文会起，基于“有岁祭，或有岁不祭，非礼也”的考虑，明

• 玉岩书院（正面）

• 玉岩书院（主门）

初，举人钟九渊召集族中德高望重者一起商议更改祭祀先祖的时间，他提出应在二世祖钟玉岩诞日祭祀。随后钟氏族人便将上元节祭祀改为诞日祭祀，称为“玉岩诞”。

清康熙年间，有感于世风日下，钟氏后人钟安邦等重申国法、家训，玉岩诞活动也因此加入了更多以孝为主的内容。以后每年玉岩诞，钟氏族人便在玉岩书院石阶两边搭起长棚，请扎纸匠扎起一组一组蕴含孝悌内容的历史故事摆设，以教化族中子弟。

民国时期，文会活动被童子军操练、游行所代替，钟氏族中精通音乐之人为玉岩诞谱写了歌曲，以作诞歌。此外，诞日还举行游龙、舞狮、水果比赛等活动。

1949 年以后玉岩诞中断。2009 年 4 月，玉岩诞作为民俗类项目被列入广州市第二批非物质文化遗产代表性项目名录。2010 年 7 月 1 日，钟氏文化协会主持操办了自 1949 年中断以来的第一届较为正式的玉岩诞活动，自此玉岩诞活动得以恢复。

基本内容

每年农历五月二十日在玉岩书院举办的玉岩诞，是黄埔区钟氏族人独有的民俗活动。

随着时间的流逝，玉岩诞历经兴衰，在不同的时代中，玉岩诞的内容也在不断地发展变化。从最初的上元节文会祭拜到钟玉岩诞日祭拜，祭拜仪式经历了由简到繁的过程。一般来说，玉岩诞前三天，负责主持操办诞庆活动的钟氏后人要斋戒三天，并备办祭品，包括烧猪一只、酒一坛、食桌一张、帛一服、馒头两盘、果盒一个、茶饭羹汤香烛若干、花灯两盏、祭文一份。农历五月二十日，即玉岩诞当天，钟氏各房较有名望的 60 岁以上男性长者齐聚玉岩书院的玉岩殿及余庆楼，参加祭拜活动。上午 9 时，由各房公推的钟姓最有威望的长者作为主持人宣布祭祀开始，同时八音队开始奏乐。先是上香点烛，摆祭品，如烧猪、时果、饼食，然后鼓乐停止，由主祭人宣读祭文，祭文内容以歌颂钟玉岩的功德品行和鼓励后人向先辈学习为主，宣读后再将祭文焚化。随后继续奏乐，各房轮流跪拜，向钟玉岩行三献礼。拜祭结束后，其他人便可自由参拜。

祭拜仪式完成之后，在乐队的伴奏下，参加者要依照童子军进行曲的曲谱齐唱《玉岩公诞歌》。民国时期，萝岗地区学校的学生童子军身穿制服，在玉岩书院前面的广场（现已不存）操练，10人一班，有班长，30人一排，有排长，并依照童子军进行曲谱唱《玉岩公诞歌》，演唱时有乐队伴奏。此类活动除了钟氏子孙可参加外，外姓的学生也可参加。

祭祀结束后，一般会举行“水果比赛”。民国时期，水果比赛一般由番禺县的文化和农业部门组织进行，其中会有钟氏族人参与。其实，“水果比赛”不只有荔枝、沙梨、凤眼果、杧果、柿子、黄皮、龙眼等水果的比赛，也有禾、芋头、姜等农产品的比赛。评审的标准是最靓且最大者胜出，奖品为银锭、木匾、谷箩。举行比赛是为了相互交流种植水果等的经验，促进当地水果种植技术的发展。水果比赛已不再举行。

按照五世祖复昌公上元节文会的传统，诞日当天钟氏子孙中的文人雅士一般会在书院东厅吟诗作对、猜谜，交流切磋。民国年间，文会被游行所取代。游行队伍在群众自由参拜完后，依次进场拜祭，队伍以狮队和学生队伍（童子军）为主，各校参加游行的队伍均有鼓乐队和号手、校旗。游行队伍在竹松村（玉岩书院旁）集中，沿入胜门石板路进入玉岩书院，再沿书院右侧似园上西斋，转入玉岩殿、观音殿，出后门上山，经文昌庙下山，游行到萝岗圩结束。游行队伍中鼓乐声、爆竹声、歌声此起彼伏，十分热闹。

今天，在钟氏文化协会的主持操办下，玉岩诞除了举行祭拜仪式和唱《玉岩公诞歌》外，还加入了很多人们喜闻乐见的娱乐活动，比如当地的女子打鼓队及舞蹈队现场表演助威等。

• 众人上香（2011年）

• 读祭文（2011年）

• 众人唱《玉岩公诞歌》（2011年）

项目点评

玉岩诞是由祖先崇拜演变而来的独特民俗，是黄埔钟氏宗族文化的活态传承，底蕴深厚，影响广泛。一方面，玉岩诞强调尊老爱幼、明礼诚信等传统美德，有助于构建和谐社会。另一方面，玉岩诞中蕴含的传统文化精神是钟氏族人相互团结、自我认同的纽带，也是带动当地社会发展的重要动力。

从玉岩诞的发展历史，我们可以了解当地钟氏宗族在不同历史时期的社会组织形式、生产方式和生活方式，以及良好的家风家规。玉岩诞是我们认识我国传统宗族文化的一个窗口。

X-11　畲族拜祖公图

项目名称　畲族拜祖公图

入选名录　第三批广东省级名录、第二批广州市级名录

流传地域　增城区正果镇畲族村

历史渊源

畲族广泛分布于南方地区多个省份，1956 年国务院将畲族作为一个独立民族予以公布确认。位于广州市增城区正果镇的畲族村，是广州市唯一的少数民族聚居地。据该村盘氏、蓝氏、雷氏族谱记载，该村畲族“原在湖南潭州府永康县鹅塘东居住”，后不停迁徙，于北宋元祐五年（1090 年）迁入广东，明洪武二十九年（1396 年）到增城杨梅都坑口，后辗转定居于正果镇东南。

畲族人祭拜的《祖公图》（又称《盘瓠图》）与他们所崇拜的盘瓠密切相关。盘瓠是一个神话传说中的人物，畲族人称其为盘王，有关其记载最早见于《山海经》“有人曰大行伯，把戈。其东有犬封国”。东晋郭璞注：“昔盘瓠杀戎王，高辛以美女妻之。不可以训，乃浮之会稽东海中，得三百里地封之……是为狗封之国也。”东晋干宝《搜神记》卷十四对盘瓠传说做了更详尽的记载：“高辛氏有老妇人，居于王宫，得耳疾，历时，医为挑治，出顶虫，大如茧。妇人去后，置以瓠篱，覆之以盘，俄尔顶虫乃化为犬，其文五色，因名盘瓠……（王）令少女从盘瓠，盘瓠将女上南山……产六男六女。盘瓠死后，自相配偶，因为夫妇……用糁杂鱼肉，叩槽而号，以祭盘瓠，其俗至今。”可见，神话传说中的盘瓠是一个“犬”的形象（犬首人服），至迟于东晋时，畲族先人就开始祭拜盘瓠了。后来，畲族人将其祖先形象画在布上进行祭拜，是为拜“祖公图”。

至明代，拜祖公图已成为畲族一种特色民俗活动。明嘉靖刊本《惠州府志》卷十四《外志》载：“徭本盘瓠种……自信为狗王后，家有画像，犬首人服，岁时祝祭。”

增城畲族人的《祖公图》一般由村中德高望重的长者保管，目前可追溯的保管人，自原族长盘更润以来已有五代，现原图已由增城档案局（馆）珍藏。20 世纪 60 年代中期以后，年初一的祭拜习俗曾一度中断。2000 年恢复“拜祖图、讲解祖图”的活动，至今不衰。

•《祖公图》

《祖公图》局部

基本内容

一、《祖公图》内容

增城畲族《祖公图》长 4.97 米，宽 0.465 米。画面从右至左可分为十个段落。

第一段落：画面为高辛帝，有“卐”字祥瑞符号与特殊的衣带结，有左右丞相（右侧画面已破损脱落）。高辛帝传说为黄帝之子名帝喾，封于辛，故号曰高辛帝，为畲族祖先的圣祖。大意是龙犬（盘瓠）揭榜向高辛帝请命——要求取下番王头，得到高辛帝的恩准。

第二段落：画面有“房”字，上面的字看不清，估计是“番王房”，番王着衣帽裙靴醉卧床上。意为龙犬潜入番王房，乘番王大醉咬断番王头。

第三段落：画面是追赶的番兵、波涛汹涌的大海与口衔番王头、正在潜水泅渡的长“龙”。这是龙犬的真身，正叼着番王头，泅渡大海回高辛国。

第四段落：画面可见“皇殿”（“皇”上面的字看不清），殿前有高辛帝及左右丞相、侍从，帝后（大耳婆）及侍从，龙犬叼着番王头站在“皇殿”外。意为龙犬复命，高辛帝封赏。

第五段落：画面是长长的迎亲队伍，意为盘王被封赏后隆重迎娶三公主。

第六段落：画面依稀可见繁体“厳”字，另有“皇殿”，高辛帝及左右丞相、侍从，帝后及左右侍从，“盘王殿”，盘王及左右侍从，意为盘王与三公主在七贤大峒石岩（据畲族族谱）拜天地并入住盘王殿。

第七段落：画面是山上山下，山上有野兽、猎狗，山下歌舞欢愉。意为盘王与三公主在深山，以打猎为生，生活平和愉快。

第八段落：画面有“盘蓝雷殿”“唐法王殿”及一大树，枝丫托着盘王，上有几只山羊。意为盘王与三个儿子住在盘蓝雷殿，拜唐法王为师，与之为邻，上山打猎时，不幸被山羊角触，

跌落枝丫致死。

第九段落：画面有"狗头皇棺木"及守灵人。意为盘王死后，三个儿子与三公主都很悲痛，为之守灵。

第十段落：画面是"狗头皇墓"与悲伤的三公主及守墓人。意为狗皇死后，儿女奔向四方，只留下悲伤的三公主及守墓人。

这幅《祖公图》向我们展示了盘王建功立业、娶妻生子以及不幸遇难的故事，与古籍记载基本一致。

二、祭拜习俗

每年大年初一，是增城畲族人祭祖、瞻仰《祖公图》的日子。当天，村民们要斋戒一日，不杀生，不吃荤。仪式过程一般先有一位尊长在祖公堂吹笛，随后村内盘、蓝、雷三姓男丁带上各自集体准备好的供品（有津丝、腐竹、橘子、糍等）到祖公堂，烧香烛，跪下三拜祖宗。负责保管《祖公图》的尊长讲解《祖公图》并将其摊开供众人观瞻。

瞻仰《祖公图》后，各村男丁集中在山溪边（该处立有盘王神位），隆重祭拜盘王，并进行烧"炖"活动。"炖"用一根竹筒制成，在竹筒里用鞭炮引子固定三个铜钱，四周塞满火药粉。烧"炖"时，点燃引子使火药燃烧，竹筒内发热膨胀，"砰"地把铜钱冲往高处，落地后，铜钱掉在谁的面前，谁就是"横财到手"；若掉在两人中间，就用尺子一量，看离谁最近。幸运者，则点燃三支香，到盘王神位香炉里取红包。"横财到手"象征好运气，得

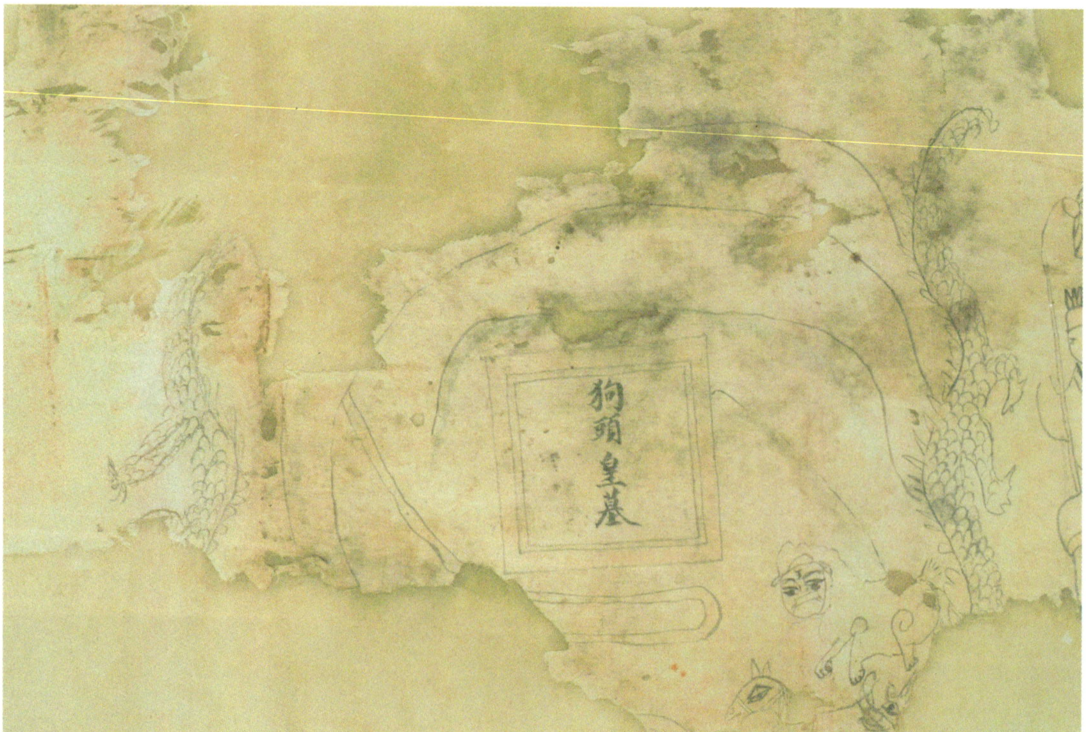

●狗头皇墓

增城市正果镇畲族村的畲族祖图

红包者皆兴高采烈。到第二年年初一，再由他筹办当年的活动，年复一年循环，红包亦年年涨。

除正月祭拜外，农历七月十四日也是增城畲族人祭拜盘王的盛大节日。祭拜仪式由盘、蓝、雷三姓各推举一名尊长（其中一位是“巫师”）做代表去祭拜盘王。三人先捧着现场宰杀并煮熟的猪头、猪脚、猪尾到祭坛前，接着“巫师”用“秤靠”占卜，测得盘王在位，方可开始祭拜。祭拜时，三位长者先烧香烛并拜三拜，随后“巫师”分别为三姓人念咒语，祈求盘王保佑族人平安、幸福。祭拜完盘王，还要祭灶，以表示灶旺、火旺，生活幸福美满。三位长者完成仪式后，各家各户轮流祭拜。最后，厨师把猪肉煮熟，村民共同进食。

拜祭地点

项目点评

古代，畲族人以犬为伴的打猎生活和刀耕火种的耕作制度，促使龙犬盘瓠信仰的诞生。在现代社会，畲族人已摆脱这种原始的生产，但是对先祖盘瓠的崇拜习俗却坚持保留了下来，烙在了一代又一代畲族人的心上。盘瓠信仰为何如此有生命力？从内容看，畲族先祖盘瓠立下奇功，并不畏艰难繁衍子孙，这些事迹有利于畲族人增强自我的民族意识、民族自信心、民族自豪感。所以，将盘瓠事迹绘于《祖公图》并供族人祭祀，是畲族人奋发图强、生生不息的精神支柱。

因此，“畲族拜祖公图”保护的不只是《祖公图》这一珍贵文物，更重要的是与之相关的一系列祭拜、瞻仰仪式，以及根植于畲族人内心的盘王崇拜。

X-12　粤剧八和祖师诞

项目名称　粤剧八和祖师诞

入选名录　第二批广州市级名录

流传地域　荔湾区

历史渊源

粤剧是广府地区影响最大、流传最广的戏曲，被誉为“南国红豆”。荔湾区是粤剧的重要流传地，也是粤剧八和祖师诞民俗的重要传承地。

粤剧八和祖师诞，又称华光诞、师傅诞。华光大帝相传是火神，也是粤剧界的“祖师爷”，备受尊崇。明代余象斗的《南游记》（又名《五显灵官大帝华光天王传》）描述的华光原为如来佛前一盏油灯，数经转世，后因功被封为火部兵马大元帅。因在琼花会上打了金枪太子

•八和会馆

而被逐出了天界，他遂自号华光大王，屡经奇遇，终修成正果。清代粤剧戏班多乘木制红船，在河网地带穿行演出，演出时多搭竹木戏棚，竹木容易失火，故演戏前先拜祭华光，以避火患。

火神华光救粤剧的传说在民间颇为盛行。相传，玉帝听闻凡间粤剧诲淫诲盗（一说听闻一戏棚内上演粤剧《玉皇登殿》）而勃然大怒，派火神华光火烧戏棚。华光来到戏棚上空，发觉梨园子弟之举并无不妥，不忍烧毁戏棚。他心生一计，教戏班烧黄烟，使戏棚上方浓烟滚滚，再返回天庭复旨，玉帝信以为真。粤剧艺人铭记华光救命之恩，遂尊华光大帝为祖师，以每年农历九月二十八日的华光诞为祖师诞。

清代早中期，粤剧戏班尚无公会。清同治七年（1868 年），粤剧艺人们在黄沙（位于今荔湾区）建成吉庆公所，作为雇请戏班的“主会”与戏班“班方”的交易场所。清光绪十年（1884 年），戏行领袖邝新华等倡议成立粤剧界的同业公会——八和会馆，并于光绪十五年（1889 年）建成。此后，每年农历九月二十八日，八和弟子必相聚于八和会馆，向馆内供奉的华光祖师祭拜。粤剧八和祖师诞自此正式开始。

1938 年，日军侵占广州，八和会馆被毁，八和祖师诞祭拜活动被迫停止。直到 1947 年，八和弟子在恩宁路 80 号（今荔湾区恩宁路 177 号）购置会馆，恢复了祭祀活动，华光祖师像前香火旺盛。1951 年，广东八和粤剧职业工会被撤销，祖师诞缺乏资金来源，祭祀活动逐步减少。

1978 年，八和祖师诞重现转机，香港一著名粤剧演员前来广州，公开拜祭华光祖师。20 世纪 80 年代中期，随着广东省粤剧八和联谊会的成立，祭祀活动规模日益扩大，祖师诞活动恢复正常。

• 著名粤剧演员罗品超（左四）、曹秀琴（左一）、吴国华（左三）等参加八和祖师诞

基本内容

八和弟子拜祭用的烧猪

八和祖师诞盛况

八和弟子拜祭后，围桌闲谈叙旧

每年农历九月二十八日的粤剧八和祖师诞，是被粤剧艺人奉为祖师的华光大帝的诞辰。此日，粤剧艺人前赴八和会馆拜祭祖师，并借此时机聚餐、交流、沟通、切磋技艺、联络感情。八和祖师诞承载着"和为核心，八方和合；自强自立，生生不息；相互关爱，扶助弱群"的八和精神，维系着粤剧界的凝聚力和粤剧的艺术生命力。

每年的八和祖师诞祭祀活动，从早上9时正式开始。活动开始前，荔湾区八和会馆门前先进行醒狮表演。主持人宣布活动开始，锣鼓响起，奏《贺寿》《六国大封相》等粤剧喜庆名曲，既衬托热闹气氛，又寓意团结美满。

粤剧梨园弟子进场拜祭前，先至会馆门口的签到台前签名，并往旁边的如意箱投入钱币，随缘乐助。八和会员中的"大佬倌"（最有名望的粤剧表演艺术家）也会动员到场者捐钱捐物。会馆所得善款，先用作祖师诞祭祖活动经费，余款用于救济贫困和年老的八和弟子。

签到完后，八和弟子聚于八和会馆大厅中央，在华光祖师铸铜镀金圣像前进行祭拜仪式。此时，华光祖师像前面早已点燃香烛，烧猪、生果等祭品也摆放到位。众人恭恭敬敬奉上香火，虔诚敬拜，祈福吉祥。祭拜完祖师之后，还需祭拜田窦二师与张骞师傅神牌。田窦二师是传说中教会粤剧武艺表演的戏神，张骞师傅则是雍正年间对粤剧做出卓越贡献的著名戏曲艺人。

当天，八和会馆摆设五六十张桌供八和弟子聚餐，并提供烧肉、蛋糕、老婆饼、核桃酥、面包等聚餐食品，其中烧肉为每年必备的主要菜式。众人在祭拜后，聚餐交谈，互增友谊。有兴致的八和弟子还会到堂内精心设计的小戏台上唱一两首粤曲，或表演一段粤剧，活动一直延续至下午一点多才结束。

每年参加活动人数少则五六百人，多则七八百人，参加人员除广州本地人外，还有来自如佛山、香港、澳门等地的八和弟子，还有来自新加坡、马来西亚、澳大利亚、欧洲的粤剧粤曲爱好者。

八和祖师诞活动不仅维系了海内外八和弟子的团结友爱，而且促进了粤剧界各行当艺人的技艺交流，是粤剧艺人与粤剧粤曲爱好者、各界相关人士之间沟通的平台，20世纪80年代祖师诞恢复以来，会馆在条件许可的前提下，一直坚持开展社会救济活动，包括派发华光米和向受灾地区捐款捐物等。此外，借助八和祖师诞的契机，广东八和会馆组织专场演出，为爱听大戏的民众奉上视听盛宴，如2013年广东八和会馆与广州市振兴粤剧基金会联合在广州文化公园主办了一场庆贺广东八和会馆124周年暨广东粤剧八和祖师诞演出。

在荔湾区黄沙八和会馆成立后，新加坡、中国香港也先后成立了八和会馆。同样，恩宁路的广东八和会馆重开之后，马来西亚、美国旧金山（美西）、美国纽约（美东）、新西兰、澳大利亚等地也相继建立了八和会馆。这些地区的八和会馆每年都举行八和祖师诞祭祀活动，八和精神已成为海内外粤剧界生生不息的共同精神支柱。

项目点评

粤剧八和会馆作为一个戏剧行会，强调的乃是一个“和”字。八和祖师诞作为粤剧界最重要的信俗活动，崇尚的同样是一个“和”字，它为粤剧界各行当、各流派提供了和谐与共的团聚时机。八和会馆与粤剧八和祖师诞相得益彰，长盛不衰。

八和祖师诞为促进粤剧繁荣而展现出的重要价值，充分证明了行业信俗在维持行业团结发展方面的意义。借助八和祖师诞，粤剧界人士欢聚一堂，共谋粤剧发展，切磋表演技艺，捐款捐物以救济困难艺人……八和祖师诞的价值，围绕“和”字而呈多元色彩。

X–13　黄大仙祠庙会

项目名称　黄大仙祠庙会

入选名录　第二批广州市级名录

流传地域　荔湾区

●广州黄大仙祠

历史渊源

黄大仙祠庙会是每年正月初一至初七，及农历八月二十三日黄大仙诞日，在黄大仙祠所举行的民间庙会活动。

黄大仙，号赤松子，是道教的一位神仙。黄大仙原名黄初平，生于东晋咸和三年（328 年），浙江省金华兰溪人。相传他在 15 岁时，有一天上山牧羊时遇见一位道士，被引入金华山石室修炼而得道成仙。明万历《金华府志》卷二十二“仙释”条目云：“晋皇（黄）初平，兰溪人，牧羊遇道士引至金华山石室中，兄初起寻之四十余年，一日遇道士引入相见……”成仙后，他“普济劝善，乐善好施”。百姓敬爱他，并建祠供奉。最早祀奉黄大仙的祖庭名为赤松观，始建于东晋，距今已有 1500 余年的历史。

• 黄大仙祠庙会活动

• 黄大仙祠庙会的粤剧活动

广州地区黄大仙信仰始于明末清初，正式设坛供奉则始于清光绪二十二年（1896 年），当时道教信徒梁仁庵及居住在芳村小蓬仙馆的几位道士，在花埭（位于今荔湾区花地村）设普济坛，供奉黄大仙。1899 年，在信众的捐资下，梁仁庵等人在花埭建设了岭南第一间供奉黄大仙的道观。1903 年，广东水师提督李准重修黄大仙祠。翌年，竣工后的黄大仙祠，规模更加宏大，除供奉黄大仙外，还供有孔子、观音等，使其成为集儒、释、道三教于一体的祠宇。伴随岭南黄大仙信俗的发展和仙祠的扩建，庙会活动亦繁盛起来。清光绪年间是花埭黄大仙祠庙会的鼎盛时期，每年正月初一至十五都举办新春庙会。仙祠正门外，一连通宵演出 3—7 天粤剧，每晚观者数千人。另有醒狮、杂技等民间艺术表演，以及民间工艺摆卖。庙会期间，仙祠还举行派米、赠医施药等活动，热闹非凡。

1913 年黄大仙祠被改造成孤儿院，黄大仙祠庙会活动亦随之中止。抗日战争时期，黄大仙祠被毁。

在黄大仙信众呼吁下，经广州市政府批准，1996 年，加拿大置地有限公司与广州市芳村区新荔枝湾实业发展有限公司签约共同复建黄大仙祠。新庙于 1999 年在原黄大仙祠复建完成。当年正月初一举行了黄大仙祠的开光仪式，并举办新中国成立后的首届黄大仙祠庙会活动，当日参观的游人与上香拜佛的信众有 10 万之众。此后，黄大仙祠庙会活动一直延续至今。

基本内容

黄大仙得道成仙后，将学到的医术用于治病救人，在民间被尊为“药仙”。黄大仙乐善好施、施药救人。民众为其设庙建祠，塑像拜祭。尤其在岭南，以香港、广州为代表地区的黄大仙信俗广泛流传。

黄大仙文化的核心是与民为善、为民谋福。平民化的价值取向，与民众“有求必应”的心理诉求，是广州黄大仙祠香火鼎盛的重要原因。

自广州黄大仙祠 1999 年复建、开放以来，每年正月初一至初七都要举行春节庙会活动。

• 黄大仙祠庙会盛况

庙会期间，仙祠广场有粤剧、曲艺、杂耍等文艺演出，庙会周边街巷则摊档遍布，贩卖祭拜用品（香烛等）、民间工艺品、岭南风味小食与日用百货等，慈善机构还在庙会上派发纪念品并举行敬老活动。

每年春节庙会，都会吸引数以万计信众到黄大仙祠祈福。道长们做贺诞、祈福法事仪式。仪式包括诵经、上表、祈求庇佑等环节，由高功（道教行仪时的执事专称）主持仪式，经师诵经。同时，为了弘扬黄大仙普济劝善的精神，庙会期间还举行慈善派米活动，并邀请慈善医院医生为长者提供义诊服务。

• 黄大仙祠庙会现场

自 2004 年起，黄大仙祠增加了农历八月二十三日的黄大仙诞日庙会，规模仅次于春节庙会。每逢黄大仙诞庙会，游客与信众络绎不绝，逛庙会、上清香、听粤曲、领“五谷福米”、接受慈善义诊与藏医公益服务……十分热闹。

黄大仙祠在一年之内共有 19 项神诞活动，每年到仙祠游览、访胜、上香祭拜与做贺诞祈福法事的各地民众 50 万—100 万人次。黄大仙祠庙会这一弘扬“普济劝善”精神的重要文化活动，正日益成为当地鲜明的文化品牌。

• 市民游览黄大仙祠庙会

项目点评

浙江金华虽然是黄大仙信俗的发祥地，但在元明清三代日渐式微。而在千里之遥的岭南，黄大仙信俗却得以流传，尤其是19世纪末以来，岭南成为黄大仙信俗的中兴之地，广州、佛山、香港、东莞等地纷纷建立仙祠并且香火旺盛。岭南地处亚热带，气候湿热瘴重，因此方术与医药成为岭南人民对抗恶劣自然条件的法宝，这与黄大仙“有求必应”施药救人的功用相契合。

清末所建立的广州黄大仙祠，是岭南的“金华第一分迹”，清末黄大仙祠曾举行了盛大的庙会活动，在当时有着巨大影响力。黄大仙祠庙会期间举办传统艺术表演和传统工艺展览，为展示传播广州优秀非物质文化遗产搭建了重要平台。此外，黄大仙祠庙会在一系列活动中所弘扬的“普济劝善，乐善好施”的精神主旨，正是今天构筑和谐社会的重要基础。

X-14 沙亭龙船乸崇拜

项目名称 沙亭龙船乸崇拜

入选名录 第二批广州市级名录

流传地域 番禺区

历史渊源

历史上的沙亭乡地属番禺县茭塘司，包括思贤、沙亭、莘汀三个乡村，濒临狮子洋，扼守珠江扶胥江之口西岸，明清时是珠江口一带重要的水运中心和造船基地。“乸”为粤语里保留的古汉语，意为“母”和“雌”。这里说的“龙船乸”是对具有地方威望的龙船，或某些传统龙舟生产基地的龙船，或以女性神为主要祭祀对象的龙舟的拟人化称谓。

明代屈大均《广东新语·舟语》记载：“此船青面独角，无须，快捷异常，因无须而被称为龙船乸。”又云：“吾沙亭乡当海岸，有地曰石头，一巨石作鲤鱼形，名曰鲤鱼石，吾宗人岁于此装造龙船，与诸村竞渡，未尝不得胜夺标，有风雨，龙船益疾。他村墟有借此地以造龙船者，有请其神侯王像至彼船，冀得腾空疾渡者，吾宗人不之许也。沙亭龙船比他所长大倍之，然出辄飞渡不可胜，斗罢汗血满船，油衣尽赤，可诧也。”

屈大均详细记述了沙亭龙船乸崇拜及其独特仪式。明末清初，居住在这里的屈、李、苏等家族信奉“侯王公”菩萨，他们所造的龙船比其他龙船身长，龙头独角无须，速度快，不少村乡慕名到沙亭鲤鱼石旁制造龙船。清代，有不少龙船是在沙亭鲤鱼石旁的龙船床制作的，据说有一年一次做了12艘龙船。如今父老还记得的，由沙亭龙船乸派生出来的龙船有沙溪龙船和小洲金头等快船，均认沙亭龙船为母。

●祭拜“侯王公”

清初，沙亭龙船已有“通海第一”之美誉，每年竞渡，辄将通海第一之帜插于船头。各乡忌之，总不与竞。后乃改为沙亭第一，至今犹然。康熙年间，凤浦乡（今海珠区黄埔村）于石碁海面出花红邀请周边水乡前来赛龙舟，沙亭乡龙船乸击败所有对手，夺得第一名，小洲乡夺得第二名。民国时期，大石南浦东乡的沿沙船、化龙沙路村的侯王宫船、化龙柏堂村与钟村屏山村的龙船等分别在省城获得“通海第一”“东海第一”“第一又第一”锦旗和敬修堂药铺送出的银鼎等。

沙亭村现有三套龙船甴的龙头龙尾，其中标号“一号”的龙头据称已有近300年的历史。改革开放后，沙亭村根据被毁的“飞龙”仿造加雕了两套，邀请员岗村的梁镇洪按照幸存的、有近300年历史的龙头龙尾仿造了两条龙船甴。改革开放后，教授传统龙船技艺的是沙亭老一辈龙船师傅屈甜、屈金，现在传承这一传统习俗的是屈宝甜、屈伟甜、屈永潜、屈展勋等。

沙亭龙船甴崇拜于2009年列入第二批广州市非物质文化遗产代表性项目名录。

起龙船

基本内容

鲤鱼石所在地曾是番禺茭塘司一带重要的龙船制作基地，不但所造的龙船速度快，而且创造了一套独特的扒桨技法，因而屡获殊荣，在地方上有较高威望，故得名“龙船甴”。沙亭为深水社的一条村落，历史上传承下来独特的龙舟习俗，包括起龙、请龙船头、采青、探亲、祭祖、竞渡、藏龙、谢龙等，与当地独特的侯王祭祀结合。每年清明、端午节和农历五月初一，沙亭村村民都要到位于莘汀的屈氏大宗祠一起参加祭祖仪式，保持与其他屈氏族人的联系。沙亭村与莘汀、思贤两村的村民均可参与沙亭龙船甴的一系列仪式。

起龙

一、基本仪式

1. 起龙。在农历五月之前择吉日起龙（一般在农历四月下旬），起龙也就是将去年藏在船坞里边的龙船挖上来，然后清洗干净、上油并装饰好。起龙前村里派出几个人一边敲锣一边打鼓，召集村民一起到侯王公庙中拜神，拜完神后再一起到藏龙船的地方起龙。藏龙船的地方都栽有乌桕树，乌桕树的果实掉到泥里腐烂后对龙船的木料有很好的保护作用。

2. 请龙船头。起龙船后跟着请龙船头，龙船头一般供奉在祠堂或寺庙里边。请龙船头时一般请村里边比较有名望的人或村干部为龙船头点睛，祈望村民个

请龙船头

画龙点睛

安装船尾

划圈，敲锣

个龙马精神，划龙船旗开得胜。

3. 采青。大家分好工之后请出龙船头和龙船尾，搬出龙船上的锣、鼓、架之类的东西拿到龙船上安装，然后举行采青仪式。采青是端午节龙舟活动的前奏，青壮人员在老一辈的带领下，将龙船划到村里的河滩上，拔一些生长在河滩边的野菖蒲和禾苗之类的植物，然后将这些东西放在龙船头和龙船尾上，希望今年划龙船顺顺利利，旗开得胜；之后在村的河涌里划几个圈，敲锣打鼓。

4. 探亲。接下来这几天龙船在村里四处巡游，到附近屈姓的龙船会和附近村的大龙船会去探亲。

5. 祭祖。探完亲后，龙船就要到祠堂祭祖。祭祖那天，凡是从太公祠堂分出去的宗亲都扶老携幼，带香烛祭品前来拜祭。划手将龙船划到码头，将龙头龙尾拆下抬到太公祠堂供宗亲参拜。参拜完后，宗亲们和附近各村的龙船会一同在祠堂里集体吃龙船饭。

祭拜

祭祖

●龙船竞渡

6．竞渡。吃完龙船饭后，龙船就参加各类的竞渡。

7．藏龙。龙船参加完各类的竞渡后，村民又将龙头、龙尾拆下供奉在祠堂或庙中，龙身用泥浆掩埋在藏龙的船坞里再放水埋藏，等待明年的起龙仪式。

●吃龙船饭

8．谢龙。藏龙之后，村民会把卸下的龙船头尾抬送到本村的侯王庙中，上香参拜，感谢侯王和龙船圣物的庇佑，祈求未来一年村内风调雨顺，老中青幼身体健康。这个仪式被称为谢龙。谢龙后，村内参与龙船活动的村民就集中一起吃年内最后一顿龙船饭。

二、仪式特点

（一）旗语

龙船上的旗语是一种用来联络船上人员使大家配合默契的信号。在龙舟竞赛时，岸上水上均锣鼓喧天，鞭炮齐鸣，哨声不断，而一艘传统龙船短则七至八丈（23—26米），长则达十四丈二尺（约47米）。在竞赛时，首尾全靠旗语联系，以统一行动，在龙头打旗的叫头旗，在龙尾打旗的叫尾旗，头尾的旗语相同。打鼓者要看紧这两面旗。几种简单的旗语如下：左转弯——旗手执旗向左点；右转弯——旗手执旗向右点；停船——旗手高举旗向天直竖划圈。

（二）鼓点

龙船的鼓点主要有几种：一种是单蹄鼓，又叫顺鼓，即一拍一拍打，一下扒一挠；一是双蹄鼓，又叫“马踏蹄”，即花点，即不一定是一下一拍，有时是几下一拍；一种是擂鼓，擂鼓则是停止扒进；一种是打鼓边，打鼓边又叫扒干挠，即把挠手的频率加快，一般是冲线时用。龙船䲔打鼓的节奏也与众不同，从来不打马踏蹄鼓（一般龙船的打鼓方式），传说因为沙亭村有座山叫马腰岗，传说一打马踏蹄鼓，这只马就会跑掉。有一句很生动的俗语形容沙亭龙船䲔：沙亭龙船䲔——好扒唔好打。

（三）供奉神明

龙船上供奉的神明。龙船因离不开水，在大江河中总难免有风浪。人们便祈求神灵保佑。为此船上都设神位供奉一扶神。供奉的神多是村主神，如水月宫（观音庙）、天后宫、协天宫（关帝庙）、玉虚（北帝）宫、侯王庙、洪圣庙等供奉的神。沙亭村屈、李、苏三姓一起供奉的村主菩萨是侯王，所以在船上神龛中供奉的也是缩小的侯王像，侯王崇拜几乎贯穿整个沙亭龙船的仪式，包括旗帜、龙船鼓、神龛等都有侯王的标识。据说，每逢遇到别村的龙船时都要用柏树叶遮挡神龛。

项目点评

龙，在番禺人民心目中是吉祥和力量的象征。沙亭龙船䲔比其他地方的龙船要长、大且快，在龙船竞赛中屡获大奖，知名度高。沙亭龙船䲔独特地位的形成，与沙亭乡独特的地理位置及其衍生出来的水运中心、造船基地，以及屈氏家族的历史地位分不开，沙亭龙船䲔崇拜是当地乡村农时、生态环境、族群交往等民俗事象的仪式性表达，展示了番禺水乡人的龙舟传统文化发展，体现了团结奋进的精神和民族文化生生不息的价值观。

X-15　横沙会

项目名称　横沙会

入选名录　第二批广州市级名录

流传地域　黄埔区

●2018 年 3 月 11 日第十一届横沙会文艺汇演

历史渊源

据村志记载，横沙村建于明万历年间，是一个拥有 700 多年历史的古村落。一年一度的横沙会是该村最为隆重的传统节日，据传始于清道光年间，迄今已有 100 多年历史了。

每年正月二十四是横沙会的会期，也是三娘菩萨的诞日。横沙会的由来与三娘菩萨信俗息息相关。相传，明朝横沙村有位漂亮村姑，人称莫氏三娘，皇帝出巡时见其美貌，欲带其回京并封为贵妃。三娘忠于丈夫不肯屈从，经梁太师帮助，中途得以返回，但依旧制不得回丈夫身边。临行时，皇帝赐她一扎竹签，恩准竹签所插之处土地就归她所有。三娘心地善良，不忍抢夺别人土地，便将竹签丢弃。（一说三娘丢掉竹签后，苦于无法与丈夫团聚，上吊自尽。）其善举得到村民敬重，因而逝世后被尊为保佑乡民的三娘菩萨。据传三娘多次显灵护佑横沙父老，村民对三娘菩萨心怀崇敬之情，在其诞日举行横沙会。

促使横沙会形成并发展的另一要素，是当地影响深远的宗族文化。冯氏、罗氏、朱氏、黎氏、莫氏、梁氏、叶氏等氏族，都在横沙开村建祠，世代相传数百年。借助横沙会村民会亲交友，外出者亦得以回乡相聚。

同时，由于横沙村靠近黄埔港，在清朝是番禺县鹿步司（今广州市天河区及周边地区）的经济、政治、文化发展中心地域，因此，横沙会在清代发展为闻名乡里的乡会。

从清代到新中国成立初期，每逢会期，横沙村都举行丰富多彩的活动，包括舞狮、包粽赠友、演大戏、在三娘菩萨庙祈福许愿和抬菩萨巡游等。巡游时，以原横沙村的罗氏、莫氏，下沙村的张氏为信奉三娘菩萨的“三境”。“三境”由各自的族长、耆老组织本姓氏的青壮年，列队抬着菩萨在村内主要大街上游行庆祝。游行完毕后，将菩萨抬到当年应轮值的姓氏的宗族祠堂，让村民供奉拜祭。此外，清代横沙会期间还有飘色、骑马等活动。

20 世纪 60 年代中后期起，由于历史原因，横沙会一度中止。1974 年起，各家各户于横沙会当日恢复包粽子、舞狮等活动，但取消了拜神和抬菩萨巡游。1986 年以后，全面恢复每年一度的横沙会。2008 年以来，横沙会这一传统民俗活动发展成横沙书香文化节，焕发出了新的生机。

基本内容

每年农历正月二十四举行的横沙会是黄埔区大沙街横沙社区最为隆重的传统节日。随着时代的变迁，横沙会的活动内容也富有流变性。如今的横沙会，取消了抬菩萨巡游、飘色、骑马、打炒米饼等传统民俗活动，保留了舞狮、包粽子、摆宴聚会、观粤剧等传统项目，近年还增添了摆乞巧、太极拳展示、书法与吟诵国学《弟子规》等突出“书香文化”的内容。

•2017 年 2 月 20 日第十届横沙会盛宴

●横沙会欢庆活动

●2018 年 3 月 11 日第十一届横沙会文艺汇演

横沙会上舞狮包括舞狮表演和舞狮采青等，舞狮表演多在横沙书香节开幕式上进行，以凸显书香节的喜庆热闹；舞狮采青一般在狮队出台表演时进行，村内的祠堂、村民住宅处会吊着生菜、葱蒜和红包，若被采青成功，就意味着这家人会发财行运。

横沙会期间，横沙粽是村民接待和馈赠宾客亲朋的佳肴，料靓、个大、味香。据传包粽这一做法由于也有如意吉祥的好兆头［“粽”字与“肿”字谐音，隐含钱包肿胀揾钱（赚钱）多之意，寓意村民生活日益改善］，一直延续下来。

聚会设宴是横沙会最为隆重、最为盛大的活动。全村老幼欢聚一堂，加之回乡的海外华侨华人、港澳人士，以及“兄弟村”的客人，往往摆上数百围。众人共享横沙美食，畅述建设横沙大计，共叙亲朋欢聚之情。横沙会设午宴和晚宴，午宴为“千人敬老宴”，60 岁以上男性、55 岁以上女性村民可以免费入席；晚宴则主要邀请散布各地的同姓分支族人。宴会上的菜肴，最传统的是“九大簋”，有烧鹅、白切鸡、冬菇生菜等，其中生菜为必备菜式，寓意“生财”，如意吉祥。

演大戏（粤剧）是横沙会上不可或缺的节目。村委会每年都会邀请省、市知名的粤剧团为村民连演 3 晚粤剧。每晚演出，横沙村民及附近地区的亲朋好友都来观看，剧院内座无虚席。

2008年以来，借助书香街（横沙社区的一条具有百年历史的老街，街内有明清时期的书舍、私塾等）的历史文化资源，横沙会改为“横沙书香文化节暨海外乡亲春禧联谊会”，横沙会被赋予了新的时代内涵。书香文化节期间，精彩活动不断。开幕式有社区柔力球队、太极拳队、舞蹈队、醒狮队等的精彩演出。此外，还有小学生优秀作文展、老年人书法作品展、国学讲座、亲子阅读体验分享、诗词美文朗诵吟唱等充满“书香”韵味的活动。以横沙会为主干的书香文化节，是黄埔区继“波罗诞”千年庙会之后的又一张亮丽的文化名片。

横沙会万人宴席

横沙会宴席

项目点评

横沙会是广州极具代表性的乡间集会。横沙会的最大特色，乃是其所蕴含的深厚的宗亲文化。从横沙会的缘起看，三娘菩萨本就是横沙村人士；从其旧时活动看，抬菩萨巡演都是村内各宗族分别为之，巡游完后亦是将菩萨放至宗族祠堂；从参与人员看，每逢横沙会，旅居在外的村人和兄弟村亲人都前来赴会；从主要活动看，午、晚间数百围筵席为全村村民搭建了欢聚团结的平台；从新兴活动看，更是增添了“海外乡亲春禧联谊会”。横沙会，弥漫着浓浓的村民乡情和宗族亲情。

2007年底，横沙村被纳入黄埔区城中村整体迁建试点进行了改造，将横沙会与书香文化有机结合，发展为横沙书香文化节，赋予了横沙会新的文化内涵。

X–16 花都元宵灯会

项目名称 花都元宵灯会

入选名录 第二批广州市级名录

流传地域 花都区

历史渊源

元宵节游灯和投灯，是主要流传于广州花都区的一种民间传统习俗，也是一种人们新年祈福方式。元宵灯会历史悠久，最早可追溯至汉代，东汉明帝提倡佛教，听说佛教有正月十五日僧人观佛舍利、点灯敬佛的做法，就命令这一天夜晚在皇宫和寺庙点灯敬佛，令士族庶民都挂灯。到唐代后，元宵点灯已经发展成为盛况空前的灯会。

据花都炭步镇水口村、塱头村、华岭村等村的族谱记载，他们的开村祖先在600多年前经南雄珠玑巷入籍本地开枝散叶。一些官绅世家把中原的元宵灯会带回花县，于是以宗族自发组织的本土元宵灯会便逐步发展了起来，随后不断向邻近乡村扩传播，花县北部的炭步、花东、花山等乡村随后也开始了元宵灯会活动，并渐变成为一种民俗。

• 排灯

投灯开场锣鼓

在明清时朝，花县的元宵灯会活动十分盛行，场面非常热闹。正月十五晚上大多数乡村举行灯会（也有部分在正月十五之前举行），灯会由游灯和投灯两个部分组成。灯会一般以村或社（里）为单位，也有不少外乡人参与活动。据民国《花县志》记载："元宵自十二三至十六七坊乡神庙结彩张灯，鼓吹喧闹达曙，大家亦悬灯聚宴谓之庆灯；十五日啜粉丸谓食元宵，乡落沿门迎神放花炮、烧起火谓之拦巷行乐……"可见花都的元宵节灯会活动十分盛行，场面非常热闹。

20 世纪 50 年代后，花县灯会习俗一度中止。20 世纪 80 年代初，花东镇阳升村在旅港先贤胡忠等人的大力支持下率先恢复了这一民俗活动（每年的正月初八），并持续了十余年。20 世纪 90 年代，花都炭步镇的水口村、石湖、塱头、华岭，狮岭镇的长岗、罗仙，花东镇的李溪等大多数乡村陆续恢复灯会习俗。各村镇纷纷自发组织赏灯、闹灯投灯、游灯、舞狮、粤剧表演等娱乐活动。

1996 年，炭步镇水口村由旅港乡人任广荣发起，与任文滔、任仕桓、任炳棠等人成立"花灯会"，开始组织策划水口村每年一度的元宵灯会活动。1997 年农历新年，他们在康公庙前组织元宵灯会活动，主要包括投灯和游灯活动，一直延续至今，是花都区规模最大、较有影响力的灯会活动。

2009 年 4 月，花都元宵灯会被列入广州市第二批非物质文化遗产代表性项目名录。

基本内容

水口村元宵灯会活动一般在农历正月十四日晚上在康公庙前旷地进行，仪式一般有五项内容，包括开坛迎神、举办"千岁宴"、投灯、游灯、送灯等。

（一）开坛迎神

水口村的"村社主"为康公主帅。按照当地传统习俗，元宵灯会必须恭请"村社（里）主""监理"。正月十四下午，在村中长老的引领下，由道士团起鼓，开坛迎神，标志着元宵灯会开始。

• 赞灯先生赞灯

• 投灯场面

• 全家上台领灯

• 挑灯游行

（二）举办“千岁宴”

宴请上届灯主和村中长者聚餐，当地俗称为“千岁宴”（即一桌 12 人岁数相加超一千岁）。上届灯主将投灯款交给水口花灯会筹备组后，组里的工作人员出面邀请亲朋好友吃饭，餐票一般按照 150 元（投灯款）1 张发放。饭菜是一些农家菜式，老少皆宜、寓意吉祥，如龙凤添丁巢、子孙共携手、百合腰果喜添丁、发财扒冬菇大利、鸿运双乳鸽等；灯酒的结束菜——瑶柱粟米羹，象征着新年生产扶摇直上，人们生活富饶，余味无穷。

（三）投灯

投灯是元宵灯会的核心部分。一般要选择较为宽敞的合适地点，搭建戏台，在戏台上挂满各式各样的灯笼，一切准备好后，“赞灯先生”登台赞唱灯笼，赞唱通常都是即兴表演，主要是通过赞唱，为每盏灯笼拉到一个好的买家。“赞灯先生”必须精心装扮，他们一般都会穿着鲜艳的节日礼服，脸上浓抹重彩。旁边还有鼓手、乐师、神婆以及当地比较有威望的长者在一起摇旗呐喊，台下摆满一排排农村常用的四脚长板凳，主要是为村民朋友与投灯的投者准备的。每年投放的花灯都有一个吉祥如意的名称和一首赞诗，如主帅胜灯、观音赐福灯、一路发灯、五福临门灯、福禄寿全灯、福星高照灯等。“投灯”的谐音是“投丁”，寓意得男丁，现在人们对投灯赋予了许多新的内涵，如身体健康、学业进步、虔诚孝顺、生意兴隆等美好愿望。

（四）游灯

深夜 12 点前投灯活动结束后，随即进行游灯活动。村中醒狮队和群众宾客聚集康公庙前，从庙内抬出康宝裔元帅、文昌帝、北帝、关帝、大王爷等五尊菩萨（庙内立有六尊菩萨，但观音菩萨不出巡）。游灯时人们敲锣打鼓，抬着菩萨，村中八头醒狮舞动助庆紧跟其后，舞狮队由南狮以及锣、鼓、钹等敲击乐器组成。醒狮队与当届投灯获得者、手提火把和灯笼的群众组成连绵不断的游灯队伍，在村内、村外固定的范围内游行。妇女们纷纷在家门前摆设香案，放红包迎候菩萨。当菩萨经过香案时即放爆竹迎接，祭祀物品包括元宝、蜡烛、香火、水果等。游灯活动一直持续到元月十五日元宵节凌晨结束。

（五）送灯

当晚外地宾客投得的花灯，在正月十五日早上，由“花灯会”筹委会人员专门组织醒狮队，敲锣打鼓亲自将花灯送到灯主家中。

• 送灯

项目点评

元宵节灯会是从中原流传到广州花都地区的传统民间习俗，在发展中形成具有花都独特风格的民俗文化。“投灯”是元宵灯会活动长盛不衰的关键，“投灯”仪式吸引了本村、外村、外地的花灯爱好者参与，每年投灯筹得的善款用于举办公益慈善事业和奖教奖学等活动，丰富了灯会的内涵。元宵节灯会具有丰富的社会学、人类学、民族学和民俗学价值。

X-17 掷彩门

项目名称 掷彩门

入选名录 第五批广东省级名录、第三批广州市级名录

流传地域 从化区

• 从化区流溪河沿岸村庄掷彩门的壮观景象

历史渊源

掷彩门又称放土炮，是从化特有的民间喜庆活动，“彩门”寓意着“好彩”“彩数”，即好运气、吉祥之兆。每年正月元宵前后，从化各乡村都会举行掷彩门。

从化掷彩门活动约开始于明朝，目前已知最早的记载，是清康熙年间从化知县郭遇熙撰写的《从风录》。关于掷彩门的由来有两种说法。一种说法与大江埔村邝姓始祖应盛太公关系密切。传说有一年春节，太公买了爆竹准备过年，因担心安全问题，将爆竹装进篮子挂在

●成千上万的群众慕名前来观看掷彩门活动

屋外的荔枝树上，等春节时再用。村里的调皮孩子将点燃的柴棍扔向竹篮，致使篮子里的爆竹被引爆，太公本来自认倒霉，岂知当年农田收成皆得好价卖出，生活得到极大的改善，并且年底新添一男丁。太公隐然觉得好事似与调皮男孩点燃竹篮里的爆竹有关，于是在第二年春节时如法炮制，果然兴旺依旧，甚至连当时流行的瘟疫也绕门远走。太公遂深信不疑，并将此相告他人。全村家家户户模仿，都认为这个做法会带来好运，自此掷彩门习俗在大江埔村以及邻村流行开来。

另一种说法流传于神岗木棉村，据说该村有农户在元宵节晚放鞭炮，无意中把鞭炮掷中屋前木棉树上的空鸟窝，引起鸟窝的干草燃烧，火星四射，光彩夺目。恰好当年该村落的农家五谷丰登，六畜兴旺，大家便认为掷鞭炮会带来好运。自此，村民每年元宵节在木棉树下以爆竹掷彩门欢庆新春。

最初，掷彩门习俗主要在家族祠堂前举行。今天掷彩门已走出了家族祠堂。主持举办者不再是族长，而是村里德高望重且热心肠的人；参与者不再局限于本姓民众，外姓村民也可参加；活动场所不再单一地以祠堂为中心，村中的空地、公共场所都是掷彩门的舞台。

掷彩门习俗自明清以来世代流传，在二十世纪六七十年代曾短暂中止，改革开放后恢复。

●村民用鞭炮掷向彩门

村民在祠堂内精心扎制彩门

敲锣打鼓护送彩门去活动现场

掷彩门用的道具——土制火炮

基本内容

掷彩门举办时间主要集中在每年正月初八至正月十八之间，具体日期因村而异。

掷彩门一般包括数项活动。首先是亲朋聚餐。掷彩门当日，祠堂里张灯结彩，家家户户准备好美酒佳肴。下午，人流车队络绎不绝地进入村里恭贺彩门。哪家有客到来，哪家就会燃放鞭炮欢迎。晚饭均从下午五点多陆续开始，每家多则二十几桌，少则三四桌。大江埔村60岁以上的老人则集中享用敬老的慈姑宴。

到了傍晚六点多，村里专门聘请的师傅开始在专设的屋里制作土炮和彩门。工作主要是往竹筒中装火药，安装导火线并用泥巴密封竹筒，然后扎制土炮架子和彩门并装饰。彩门与土炮的区别在于款式和体积的不同，土炮重达百斤，放在地上燃放；而彩门轻巧别致，用竹子扎成门楼或牌坊形状，竹架中间有个孔，与吊挂的铁钩相衔接，挂在铁杆上的高度可自由调节。

傍晚七点左右，村民会在古祠前宽阔场地放一场电影或是邀请剧团演出曲艺节目。如2008年鳌头镇的龙角村就请来佛冈粤剧团，在村祠前搭起舞台，正月十三、十四一连两晚唱大戏。

大概晚上九点钟，醒狮队伍开始绕村欢舞，沿途鞭炮齐鸣、锣鼓喧天。其他村的村民前来恭贺，本村的醒狮去到村口盛情迎接，祠堂

■彩门点燃后绽放炫目的色彩

前的宽阔场地上人群开始聚集。彩门在祠堂祭拜过后，由村中青壮年保护抬送，运送到升彩门的铁管旁进行掷彩门活动。

鱼塘边，村民竖起一根十多米高的铁杆，顶端有滑轮，用钢丝牵引挂钩。工作人员把彩门稳妥挂在挂钩上，在热烈的锣鼓声中，彩门徐徐升起，直到 12 米高处为止。随着一声响亮尖锐的口哨声，喧闹的锣鼓声戛然而止，锣鼓声停后，掷彩门活动正式开始。主持人一声令下，青壮年投掷手站到距彩门铁杆七八米远的地方，彩门一升到顶点，便点燃串串鞭炮，仔细瞄准彩门使劲往上投掷。

掷彩门最精彩的，就是彩门被掷中并引爆的过程：一道炫目的弧光刺破夜幕，紧接着，接二连三的烟花向四周迸发，灿烂的烟花点亮了整个夜空。一般彩门由冒烟到燃尽要持续五分钟。掷中彩门的村民被视为幸运儿，当年会行好运，也会被当场奖励一个数目可观的新年红包。一年各村要掷的彩门有多个，为的是让村民有足够机会赢得奖励。

彩门全部掷完后，便是放土炮的环节。村中德高望重的长老在祠堂前对土炮进行祭拜，然后选定专门人员点燃土炮，大江埔村每年有三个炮头，寓意“生生猛猛”。三个炮头逐个放燃后，人们四散找寻炮头，先找到炮头者被认为这一年会走好运，还会获小猪一头的奖励。民谣云：“点彩门，放土炮，村中元宵好热闹，阿爷阿婆都到齐，拾到‘炮头’全年巧（从化方言‘巧’与‘好’同音）。”

整个活动仪式，诸如挂彩门、接纳报名、评判颁奖等由村委和长老会负责，有些村掷彩门和放土炮的次序可以颠倒。

正在燃烧的彩门

代表性传承人

邝锦洪 男，1942 年 1 月出生。1958 年随父邝汝彰学习制作彩门，现为大江埔村掷彩门活动的带头人，负责组织开展每年的掷彩门活动，包括组织群众、维持治安等工作；负责研制各色花式的彩门并指导年轻人扎制，在其带领和组织下，全村大部分青年已学会制作彩门；他还对彩门制作材料及样式都进行了革新，使彩门更大，烟花爆竹样式更多，色彩也更加斑斓，并在彩门、加装转轮使之旋转快且安全。经其带头，该项活动成为当地独特的新春喜庆节目。2011 年被认定为第三批广州市非物质文化遗产项目代表性传承人。

掷彩门代表性传承人邝锦洪

项目点评

掷彩门在从化具有悠久的历史和较为深厚的文化意蕴，深受群众的喜爱，是从化人民每年欢庆春节必不可少的节日盛宴。它自明清时期流传并延续至今，具有重要的历史文化价值。同时，因其能够维系族群的人际关系，故具有积极的社会价值。清朝以来，掷彩门活动已从大江埔村向四周蔓延，发展到从化流溪河两岸各个村落，成为传统春节活动的重头戏。直到现在，掷彩门活动还在发挥其影响，成为亲戚朋友、城乡民众、各地人群欢度春节的经典习俗。

而从活动本身来说，掷彩门的观赏价值很高，活动场面精彩刺激、扣人心弦，投掷者激情澎湃，观看者热血沸腾，是一场村民齐参与的视觉盛宴。近年来，随着掷彩门活动影响力的增强，参与群众的扩大，掷彩门习俗在宣传从化、推介从化，带动和发展从化的旅游产业等方面发挥了越来越大的推动作用。

在保护过程中，应当在保持习俗本质的基础上进行合理引导与开发。例如，为增强活动的安全性，应当在土炮和彩门的制作、运送、燃放环节制定规章制度、建立规范的操作流程等。同时，不仅掷彩门活动本身应予以保留并推广，掷彩门的美丽传说和掷彩门所象征的美好寓意，也应作为这项非物质文化遗产的一部分得到传承。

X-18　南沙妈祖信俗

项目名称　南沙妈祖信俗

入选名录　第五批广东省级名录、第四批广州市级名录

流传地域　南沙区

历史渊源

妈祖又称天后，原名林默，本是宋代福建莆田湄洲岛望族林愿之女。生于宋太祖建隆元年（960年）农历三月二十三，卒于北宋太宗雍熙四年（987年）农历九月初九。因生前与民为善，救困扶危，深受沿海渔民尊敬，死后被奉为海上女神，立庙祭祀。自南宋绍兴二十六年（1156年）在福建莆田湄洲岛上始建妈祖庙起，历代皇帝先后36次册封，由“夫人”“妃”“天妃”，而至清康熙二十三年（1684年）所封“天后”，并列入国家祀典。除

• 南沙天后宫妈祖神像

•南沙天后宫

了沿海渔民的日常祭祀外，每逢农历三月二十三日妈祖诞日，朝廷和民间都举行隆重祭祀活动，名为“天后诞”或“妈祖祭祀”。

粤与闽连疆，自宋代始，妈祖信仰就开始在粤地流播。粤地沿海及海岛陆续兴建了天后宫或妈祖神祠，祭祀妈祖。粤人敬奉妈祖之虔诚不亚于闽人，正如宋人刘克庄在《到任谒诸庙·谒圣妃庙》中所言，“广人事妃，无异于莆，盖妃之威灵远矣”。

南沙妈祖信俗亦可溯至宋代。南沙有民间传说，讲福建莆田妈祖娘娘云游至南沙黄阁，见田园秀丽，风景迷人，遂钟情于此。传说黄阁开村始祖麦必荣常路过月岭山下，隐约听闻荆棘丛中有叮当凿石之声。不日，凿声停止，必荣公披荆斩棘，前去探究，赫然见一小庙，并有天妃玉像一座。必荣公大喜曰：“有村必有庙，有庙村安宁，何况其庙自然所赐？”后来必荣公整修此庙，命名“天后古庙”。相传，开光之日，天后娘娘泛一仙槎（神船），从闽来粤参加庆典，仙槎行至珠江龙穴岛海面时被一大石阻挡，天后娘娘驾仙槎破石直航，巨石一分为二，像一对珓杯立于现龙穴岛以东海面上，后人称之为“龙穴珓杯”。

明清时期，南沙妈祖信俗更加发展。屈大均《广东新语》记载，南沙居民世代靠海谋生，视妈祖为护航之神，每逢出海或遇天旱、洪涝等都要向妈祖祈求庇佑。周边村镇诸多重要事项也往往需向妈祖祈祷才确定。清代南沙天后庙碑文上也有关于妈祖信俗的记载：“屡著灵异，水旱风雨祈祷辄应。凡乡有事，必议于庙中，事无不立，乡人赖之”，“自嘉庆丁巳八月至明年三月，吾乡不雨，溪涧干涸，禾稻焦槁，乡人震动。于是迎神祷雨，越三日而甘雨倾注，陇亩霑足，士农欢悦”，“居人出入必资舟楫，乃海若效灵，冯夷供职，风帆来往，波浪不惊，咸曰皆神之赐。今者民和年丰，风淳俗朴，烽烟陆靖，溟渤澜安，是则神之寔造福于乡人而与吾乡相始终也”。这些也足以证明南沙妈祖信俗传统深厚，是当地人民俗生活的重要内容之一。

● 黄阁镇莲溪村天后古庙

南沙天后宫始建于明代，其前身是南沙鹿颈村的天妃庙。清乾隆年间，经重修后更名为“元君古庙”，后被日军炸毁。1994 年，由著名实业家霍英东捐资重建，1996 年落成后定名为南沙天后宫。南沙天后宫是当今世界 2500 多座天后宫分灵庙中占地面积最大的，被誉为“世界最大的妈祖分灵庙”，是南沙妈祖祭祀的重要活动场地。此外，南沙区还保留了多处天后古庙，如南沙塘坑村天后古庙、上坊天后庙、黄阁镇莲溪村天后古庙、东瓜宇村天后宫等。其中南沙塘坑村天后古庙，始建于明代，清嘉庆三年（1798 年）重修。该庙坐西北向东南，深二进，总进深 16.8 米，总面阔 11.6 米，建筑占地 194.88 平方米。庙内青砖墙上立有两面重修碑，记录了两次重修时间，第一次为嘉庆三年（1798 年）。2013 年，南沙妈祖信俗被列入广州市第四批非物质文化遗产代表性项目名录。

● 东瓜宇村天后宫古庙

• 南沙塘坑村天后庙

基本内容

广州南沙区濒临大海，自古以来就是重要的军事要冲和通商口岸，是中国海上丝绸之路的起点，也是粤地妈祖信俗最为繁盛的代表地区之一。南沙居民视妈祖为护航之神，每逢出海或遇天旱、洪涝等都会向妈祖祈求庇佑，村中的重要事项也向妈祖祈祷后才决定，当地人从妈祖信仰中得益良多，尤以渔民为最。每年农历三月二十三日妈祖诞期间，到天后宫朝拜进香者络绎不绝，形成了以南沙妈祖祭祀为核心的民俗文化圈。南沙妈祖信俗主要包括妈祖传说、日常祭祀和神诞祭祀等内容。

一、妈祖传说

主要是指妈祖信俗所在地区有关妈祖的神话传说，例如，南沙黄阁村有始祖受妈祖神示开村的传说，把妈祖信仰与开村历史相联系。再如“龙穴筊杯”的传说，把妈祖传说与龙穴岛的形成相联系。

二、日常祭祀

主要是指渔民出海或者遇到天旱、洪涝及其他重大事项时，当地民众要到天后宫中祭祀祈祷。信众在一年当中的其他节日，如嫁娶、生子、外出、疾病时，也会拜祭妈祖，以求神佑。

三、神诞祭祀

是专门在妈祖诞辰之日进行的祭祀活动，也是南沙妈祖信俗最核心的内容，妈祖神诞日是农历三月二十三日，南沙妈祖神诞祭祀活动往往从农历三月二十三日开始，一直持续到二十五日。主要包括炷夜香、贺诞、祭祀和做大戏等内容。

（一）炷夜香

南沙“溜阴妹”（未婚女郎）要在妈祖神诞前夕（即三月二十二日夜）带上等色香，前往天后宫，在妈祖神像面前虔诚作揖上香，祈望神灵保佑合家平安、如意吉祥、心想事成。

• 炷夜香

从当晚入夜上第一炷香起，大概每一小时，燃完后续上第二炷香，如此重复，直到凌晨以迎接神诞（农历三月二十三日）的到来。这个上香过程，乡人称之为“炷夜香”。“炷夜香”这个习俗流传至今已有数百年了。

（二）贺诞

• 祭祀祭品

所谓贺诞，就是人们备着金宝烛以及金猪、烧肉、鸡及水果等贺品到神庙里向妈祖参拜，祝贺妈祖的诞辰。

农历三月二十三日即妈祖诞日，从早晨开始，就会陆续有人前往天后宫贺诞，至中午，贺诞者越来越多，汇成人流。贺诞者除南沙信众外，还有来自南海、东莞、顺德及港澳等地的信众。同时，在妈祖诞日，天后庙沿途往往摊档林立，车水马龙，人来人往，形成颇具岭南特色的妈祖庙会，十分热闹。

（三）祭祀

祭祀是妈祖信俗活动的核心内容，至今仍保持着传统仪式，主要包括祭祀祈福、祭祀乐舞、妈祖巡游、信众燃“妈祖贡香”等。

祭祀祈福主要由主祭、陪祭、司礼、礼生、歌生、舞生、乐生、仪仗和仪卫等 260 人执行。全套的祭祀祈福仪式一般包括：

1. 司礼宣布祭祀开始。司礼主持仪式，宣布祭祀开始。敲锣打鼓三遍，祭祀仪式正式开始。

2. 仪仗开道，乐生、歌生、舞生进场。

3. 司礼引主祭、陪祭人就位。一般主祭由天后文化学会的会长担任，陪祭设有 8 到 10 人不等。

4. 迎神上香。司礼宣布迎神上香。主祭与陪祭等各就各位，虔诚地拜神，上香。

5. 敬酒，献寿果、寿面。司礼宣布敬酒，献寿果、寿面等，主祭与陪祭等敬酒，献寿果、寿面。

6. 读祝文、奠帛。由主祭诵读祝文、奠帛。

▪上香

廣州南沙天后宮紀念媽祖誕辰一〇五一周年
祭祀大典

祭 文

辛卯年三月廿三日紀念媽祖誕辰一〇五一周年，由中華媽祖廣州南沙天后文化學會會長主祭人張錦華率陪祭人代表廣大善男信女虔誠祭祀禮備樂舞致馨香清酌敬告於天後之神。

神昭湄嶼 德媲皇媧
分靈世界 閩粵非遐
聖宮翼翼 繚繞雲霞
虔摹寶像 駐我南沙
獻花晉酒 奏鼓鳴笳
千秋香火 萬國航艖
來巢鸞鳳 永靖鯨鯊
福緣民庶 得賴邦家

尚饗

辛卯年三月廿二日吉啓

▪祭文

7．行初献礼。由司礼主持，主祭、陪祭人等行三跪九叩大礼。

8．行亚献礼。由司礼主持，主祭、陪祭人等行三跪九叩大礼。

9．行终献礼。由司礼主持，主祭、陪祭人等行三跪九叩大礼。

10．焚祝文、焚帛。主祭把颂读过的祝文和奠帛当场焚烧，以求平安吉利。

11．送神。舞生表演“八佾”之舞。

12．礼成鸣炮、鸣钟。在香烟缭绕、钟鼓齐鸣、炮声震天中，祭祀仪式结束。

祭祀祈福仪式的献礼部分完毕后，在广场上还有乐舞表演。祭祀古乐有5个乐章，分别为《迎神》《初献》《亚献》《终献》《送神》，由男女歌生演唱，仿古乐队伴奏。舞为“八佾”

（8×8方阵）之舞，由女性表演。仪仗分列于祭筵、丹陛、乐池、舞池两旁，另设仪卫在天后圣像两旁守卫。

妈祖巡游。祭祀祈福结束后，在司礼主持下，主祭和陪祭等从神庙请出妈祖，置于“圣母銮驾”，由仪仗队抬着沿南沙街区巡游，驱邪赐福。一路上，巡游队伍要进行各种表演，如舞狮、扛大旗、挑花灯、英歌舞、八音队等，出巡仪式结束后，再由仪仗队把妈祖神像送回神庙。

信众点燃“妈祖贡香”。在祭祀祈福、乐舞表演与妈祖巡游过程中，普通信众往往要在妈祖神像前或巡游队伍来临时点燃“妈祖贡香”，向妈祖行叩拜礼，祈求保佑。

妈祖祭祀过程，雍容肃穆，瑞气氤氲。来自粤港澳等地的进香团队，以及本地妈祖信众，好几万人聚集在南沙天后宫妈祖神庙之前，虔诚上香、膜拜、祈福，人山人海，秩序井然。

（四）做大戏

传统的妈祖神诞祭祀，都要做大戏。通常是在每年妈祖神诞期间，南沙信众要请粤剧名班在天后宫前搭棚演戏，往往连演三日四夜，十分热闹。

▪祭祀乐舞

▪妈祖巡游

项目点评

妈祖信仰从福建传入南沙已近千年，妈祖是南沙民众心目中重要的海神和商贸神。南沙民众生于海滨水乡，靠水生存，靠水航运贸易，而妈祖具有保护渔民、护航商贸之灵。所以，妈祖祭祀便成为南沙重要的传统民俗之一，具有悠久的历史和深厚的群众基础。南沙妈祖信俗，既有独具地域特色的南沙妈祖传说，又有大量颇具南沙特色的天后宫，还保留了大量既传统又具有粤地特色的祭祀仪式，如演粤剧、炷夜香等，是一项既传统又具有特色的民俗。南沙妈祖信俗以崇奉和颂扬妈祖立德、行善、大爱精神为核心价值，以妈祖宫庙为主要活动场所，以神诞祭祀为主要表现形式，是中华传统优秀文化的重要组成部分。

X-19 添丁上灯习俗

项目名称 添丁上灯习俗

入选名录 第四批广州市级名录

流传地域 从化区

历史渊源

添丁上灯习俗是客家人的一种传统风俗。客家人因战乱、饥荒等南迁，至岭南时，多在较偏远的山区落脚。客居他乡，更需要宗族团结、人丁兴盛，才能战胜各种困难，故“生仔”往往成为客家人的头等大事。源于中原的花灯，在客家人庆贺新生儿诞生的仪式中被赋予了丰富的内涵：一是代表光明；二是蕴含生生不息、薪火相传之意；三是象征人丁兴旺。上灯有上丁、添丁的意思。“上灯”这个习俗，是客家人借助“灯”的形式来表达“添丁”的喜

●挂在祠堂里的各式花灯

悦及希望。因此在客家宗族社会里，凡是男孩出生都要举行上灯仪式，也即上丁、添丁，祭祀祖先并报告祖先族中又添新丁，祈求列祖列宗保佑孩子健康成长。

从化的添丁上灯习俗始于明末清初，与中原人口南迁有关，其先祖于 14 世纪就已南迁至从化定居，添丁上灯风俗是从北方带过来。

从化添丁上灯习俗的广泛流传也与当地元宵节赏灯习俗密不可分。早在明清时，从化就已有新春元宵放灯习俗。从化街口南面的水口水面开阔，明清时在水口建有文峰塔和天妃庙，颇具形胜，元宵节在文峰塔举行放花灯，在流溪河放河灯。康熙年间《从化县志》载的从化县令郭遇熙所作的《水口放灯词》如此描述花灯节盛况："击渔舟，响箫鼓，放河灯，爆竹声，两岸轰轰。儿童士女，桃红柳绿映飞萤，缁衣羽士，云璈发，齐送莲红。绛纱飘，涛流涌，星明灭，炬盈盈。火龙跃，十里光明。随波上下，恍如鲛子抱珠琼。少焉月出，东风起，一片花城。"

在从化，添丁上灯习俗自明清以来一直延续下来。在二十世纪六七十年代，曾一度停止。改革开放后，添丁上灯习俗在一些自然村相继恢复，现在从化已有数百个自然村恢复添丁上灯习俗。2013 年，添丁上灯习俗被列入广州市第四批非物质文化遗产代表性项目名录。

基本内容

添丁上灯习俗有一套完整的仪式，包括放灯绳、选灯、接灯、上灯、暖灯、化灯（也称圆灯）等环节，其间还有客家锣鼓、舞狮、祭祖、饮灯酒和掷彩门等民俗活动。而资金筹备和彩灯制作等前期环节，也是添丁上灯习俗的有机组成部分。

筹集资金是上灯活动最关键的一步。上灯仪式开始之前，所有的"灯主"（添丁家庭的男性主人）连同村中的长者召开会议，并按照会议的安排，由"灯主"承担上灯活动期间的一切事务，如准备上灯日的膳食，接待外来人员以及筹集掷彩门的费用等。资金由各个添丁家庭平均承担，村民也可以自愿捐款。

仪式的另一重要前期工作为制作彩灯。彩灯制作者多为村中能工巧匠，先制成骨架、灯顶、

• 制作花灯

• 传承人欧阳锐添给花灯描画（2011 年 12 月）

灯身，再将各色剪纸凿好纹样，描上各种图案，最后逐一将剪纸、纸雕、描画、花穗等轻轻地糊裱在灯架上，并于灯带处书写“鸿运当头”“添丁添财”等吉祥字眼，花灯即制作完毕。从化彩灯造型美观，制作精致，色彩丰富，装饰图案栩栩如生，是多种民间艺术的综合展现。

• 传承人欧阳锐添制作的花灯

在上灯之前，首先要“放灯绳”。“灯主”买三丈三尺（11 米）红色的塑料绳（“三三”谐音“生生“），挂在上厅或中厅，绳的下端用绳结系一块红纸或红布，上写某某新丁，表示该绳所在位置已属这家人。

接着，“灯主”还要选定上灯用的彩灯款式。要上灯的村民通常会提前预订或提前几天买好。买灯时，不但不能讨价还价，在付钱时还要故意加多一点钱，寓意添丁又发财。

正月十五前后，各村纷纷举行上灯仪式。上灯当天，首先要接灯。村民先通过舞狮和锣鼓的喜庆表演来带路，村中一老人捧着供奉祖宗的三牲供品，村民挑着装有各式拜祭物品的竹篮，老人带着“灯子”们（参与上灯仪式的男性子嗣）走向花灯。到了灯前，老人奉上供品，倒满三杯酒，烧好红烛和香，并把香发给每个“灯子”。待老人宣布接灯开始，醒狮舞动，锣鼓、鞭炮齐鸣，所有“灯子”向灯行跪拜礼。礼毕，“头灯”（最先诞生的“灯子”）取灯前往祖祠，其余“灯子”跟随其后，余人紧随“灯子”后。到了祖祠大门前，舞狮先上前拜三拜，再把灯迎进门。

• 上灯时拜祭用的供品

“灯子”进到祖祠上堂后，随着村中老人一声令下，彩灯缓缓升起，所有

●添丁上灯习俗仪式中户主在上香

"灯子"跪下行礼，锣鼓、鞭炮再度齐鸣，此为"上灯"。之后，添丁家庭还要为彩灯添油，俗称"暖灯"。"暖灯"时，各家"灯主"要拿三牲供品到祠堂祭祖，然后参拜长辈，长辈边给红包边祝愿，然后族长组织众乡亲以家族公款摆酒宴请"灯主"，大家开怀畅饮，庆贺家族添丁之喜。吃过灯酒，男婴就算正式成为宗族的一员，其名字也被写进族谱。

上灯仪式次日到正月十五前，同房兄弟会轮流为彩灯添油使灯火延续，并宴请添丁家庭。正月十五，添丁家庭再次为彩灯添油，将彩灯往上吊，谓之"升灯"。

直到正月十六，彩灯才顶礼焚化，俗称"圆灯"，又叫"化灯"。这天，全村小孩一大早就在祠堂里，"灯主"放下彩灯，孩童们便急忙争抢彩灯上的小饰物。放灯时，"灯主"常常有意让花灯时起时落，场面更欢快热闹。随后，"灯主"便把花灯碎片与吉祥草堆在一起，由宗族中子孙满堂、福德深厚的老人点火烧掉。彩灯燃烧时，"灯主"把事先准备好的竹把放在火堆点燃，所得火种谓之"传丁火"，寓意灯火相传。

在添丁上灯的相关习俗中，饮灯酒是颇具特色的。在从化，饮灯酒又叫"慈姑宴"，"慈姑"代表男孩，因而饮灯酒的宴会上一定要有慈姑做食材。饮灯酒在上灯之后举行，由"灯主"出钱宴请村民，有钱的人家甚至会宴请全村。

●上灯时，户主及家人参拜列祖列宗

项目点评

从化添丁上灯习俗反映了客家人崇宗敬祖、慎终追远的思想。上灯习俗既是一种祭祖活动，又是一种告慰祖先的方式。上灯的准备和组织无不体现了客家人崇祀祖先、尊敬祖先的优秀传统。同一宗族的人，借此机会聚到一起以增进相互团结，形成了一种以“老屋”为中心的凝聚力量，显示了浓郁的宗族凝聚力，成为一种联络感情和维护家族凝聚力的辅助手段。上灯等系列活动，可以增强宗族认同感，化解家族矛盾，使宗族和睦兴旺，亲友敦睦团结。

附录

广州市第二批非遗名录扩展项目

一、广州咸水歌（南沙区）

项目名称　广州咸水歌（南沙区）

申报地域　南沙区

基本状况

咸水歌是流行在珠江三角洲地区的疍家渔歌，因以粤方言演唱，故又称“白话渔歌”，有600多年的历史。

咸水歌往往由疍民即兴演唱，词多俚语、口语。歌词一般为上下句结构，每句字数较自由，多衬字、衬词；音乐结构一般为上下两句组成单乐段或四个乐句组成复乐段。演唱有独唱、对唱等形式，以对唱为主。曲调多用六声徵调式，韵律自然，唱叹流畅，抒情委婉，悠扬清新。

南沙区咸水歌唱腔独特、广阔，演唱者思路敏捷，见物唱物，见事唱事，见人唱人，内容多为情歌对唱、斗歌和喜庆祝歌，形式主要有“担伞调”“姑妹腔”“高堂歌”“东风调”等。主要分布在万顷沙镇、横沥镇、南沙街等。

▪南沙水乡风光及咸水歌对唱

二、广州客家山歌

项目名称　广州客家山歌

申报地域　天河区、花都区、黄埔区、从化区、增城区

基本状况

客家山歌是客家人用客家方言吟唱的民间歌曲，是客家人的口头文学。客家山歌伴随客家民系的发展而发展起来的，受诗经、竹枝词、江南民歌等影响，多用赋、比、兴手法。

明朝时客家人从粤东北辗转来穗，客家山歌也随之而来开始传唱于羊城，并融入广府文化。客家山歌在广州的越秀区、天河区、花都区、黄埔区、增城区以及从化区都有传唱。

客家山歌在天河区常用三音小调，音调平和、旋律优美，多为情歌。2004 年 10 月成立了凤凰街客家山歌协会，有凤凰街文化活动中心、渔沙坦市场、柯木塱公园、银排岭公园、沙东集贸中心五个歌墟点，每月每个歌墟点有一次歌墟活动。2005 年成立凤凰街客家山歌艺术团，举办了第一届大型客家山歌歌唱大赛。

客家山歌在花都区主要流行于花山、花东、北兴、梯面、芙蓉、狮岭等客家人聚居的乡镇，群众历来有劳动中哼唱山歌、休闲时对唱山歌的习惯。花都区群众自发组织的客家山歌队有 13 支，其中较知名的有百花山歌队和枫叶山歌队。他们经常在花城墟、狮岭墟、北兴墟、旗岭墟、新华花果山公园、新世纪广场等地进行演唱。

客家山歌在黄埔区主要流行在联和街和九龙镇。联和街的客家山歌主要是通过客家山歌队来实现展演，客家山歌队基本每月都有一次活动。九龙镇的群众性山歌活动热闹非凡，有多处山歌会场，听唱的人群大都是中老年人，年轻人较少，呈现出后继乏人的状况。

客家山歌在从化区历史悠久，唱词较口语化，通俗易懂。以爱情题材为主，也有讽刺题材的。主要流行于江埔的锦一村、上罗沙村、凤凰村。

客家山歌在增城区流行“过山拉”，即长宁系客家人在特殊生活环境中所形成的一种特殊的山歌调，源于清朝中期。1949 年前用于哭嫁、哭丧，曲调较哀伤。1949 年后用于歌颂新生活，曲调风格有所变化。

• 从化客家山歌表演

三、舞貔貅

项目名称　舞貔貅

申报地域　黄埔区

基本状况

貔貅是民间传说的一种狮头虎身猛兽。舞貔貅是一种模拟貔貅的民间舞蹈，相传始于明代，刚柔相济，以刚为主，通过人体相叠，高空舞耍，多用杂技表演技巧，具有奇、险、趣等特点。客家人每逢喜事如年节、开店铺、建新房都要舞貔貅，表达驱邪纳吉之意。

貔貅舞的角色一般有貔貅、大头佛（又称沙和尚）、猴子（又称孙猴子）等，特色鲜明，表现在：一是道具造型独特。貔貅形体短小，猴面猫头，狮身，独角或两个角，客家人称之为“猫面狮”，每次出现都是一只“猫乸”（母猫）带一只“猫仔”（小猫）。二是情节生动有趣。舞蹈主要描述大头佛从昆仑山上带来一对狮子“猫乸”“猫仔”和一只猴子，在春游时所发生的趣事。三是表演程式独特。舞貔貅一般包括采青、拜四门和猴子上架等程式。

●2010 年 10 月 2 日在大坦村文化广场进行貔貅舞训练

四、扒龙舟

项目名称　扒龙舟

申报地域　黄埔区

基本状况

扒龙舟是一种与端午节相联系的传统民俗活动，又称赛龙舟。扒龙舟主要包括起龙、采青、趁景、斗标、吃龙船饭、送龙等活动。龙舟一般用柚木或坤甸木制造，长20—30米，包括龙头和龙尾，并备有锣、鼓、彩旗、罗伞等。扒龙舟多属宗族性活动，与端午节、龙崇拜、北帝信仰密切相关，有浓郁的水乡特色。

在明清时，广州官方和民间的扒龙舟活动已很普遍。扒龙舟主要分布在广州的天河区、荔湾区、海珠区、番禺区、增城区、黄埔区等。

根据护龙古庙的庙门落款“清光绪乙未首夏吉旦”，黄埔区夏港街墩头社区的扒龙舟至少已有上百年历史了。墩头基曾连续三年举办“夏港街墩头基民间传统龙舟文化节”，社区传统龙舟队在2007年和2008年两届广州国际龙舟邀请赛上都捧冠而归。

• 2018年黄埔区龙舟赛

广州市第三批非遗名录扩展项目

一、从化麒麟舞

项目名称　从化麒麟舞

申报地域　从化区

基本状况

麒麟舞是一种模拟麒麟的民间舞蹈，与古老的麒麟崇拜有密切关系。麒麟造型一般是龙头、狮身、鹿角、羊蹄、牛尾。麒麟舞一般有相对固定的套路程式和技巧，用锣鼓吹打乐伴奏。

从化麒麟舞是殷家庄后人发展起来的，主要在每年春节期间进行，用于祭拜祖宗、迎春送福。

●麒麟舞演员在当地走村串巷

二、鳌头醒狮

项目名称　鳌头醒狮

申报地域　从化区

基本状况

醒狮是一种模拟狮子的民间舞蹈，在我国主要流行于岭南地区。醒狮表演融武术、舞蹈、音乐为一体，有文狮、武狮和少狮三种，文狮表现温顺而和善，武狮表现勇猛而刚烈，少狮即幼狮，憨态可掬。醒狮主要表现狮子出洞、上山、巡山相会、采青、入洞等，多用于节庆场合，取驱邪纳吉之意。

从化区鳌头醒狮，主要流行于鳌头镇桥头村及附近的村镇，一般由三个人表演，一人舞狮头、一人舞狮尾，另有一人饰大头佛在前逗狮，并有锣鼓伴奏。多演出狮子出洞、上山、巡山、会狮、采青、入洞等情节，其中采青难度较大，有采高青、地青、水青、蟹青、凳青和桥青等程式。

• 鳌头醒狮表演

三、广州榄雕

项目名称　广州榄雕

申报地域　海珠区

基本状况

广州榄雕是我国榄雕三大流派之一，岭南特色鲜明：雕刻精细入微，形态小巧玲珑。作品形式有座件、挂件、珠串、核舟等。

海珠区榄雕融入镂雕、镶嵌等工艺，使榄雕作品由二至三枚榄核制成的小型作品发展到由数十枚榄核制成的大型作品，乃至由上百颗榄核制成的超大型作品；从传统的龙船、花瓶等发展到通雕故事人物、动物、撒网渔船等，构图优美、玲珑剔透，具有极高的艺术价值。

•《中华世纪龙》（曾昭鸿）

四、广绣

•广绣作品《紫荆孔雀》

项目名称　广绣

申报地域　海珠区

基本状况

广绣指流传于广州及其古属地南海、番禺、顺德等地的一种刺绣工艺，与潮绣（广东潮汕地区的刺绣）合称粤绣，是我国四大名绣之一。

唐人苏鹗的《杜阳杂编》描述了南海少女卢眉娘“工巧无比，能于尺绢绣《法华经》七卷”，是目前所见最早关于广绣的文献记载。自明清以来，随着广州国际贸易地位的上升，广绣制品大量外销。

广绣品种齐全，按刺绣材料分，主要有真丝绒绣、金银线绣、线绣和珠绣四类。广绣针法多变，针步均匀，能巧妙运用针法丝理表现物像的肌理；题材广泛，擅长表现岭南风物，如荔枝、红棉、百鸟等；色彩丰富，构图饱满，装饰性强。

海珠区广州绣品工艺厂有限公司是以广绣绣画为主导产品的专业性生产企业，自1955年5月创建以来，广绣艺人以精湛的手工技艺，创作出一大批脍炙人口的富有传统艺术特色和鲜明时代气息的广绣绣画，被授予“广东老字号”“广州老字号”企业称号。公司拥有许炽光、梁桂开、伍洁仪三位广绣项目代表性传承人。

五、象牙雕刻

项目名称　象牙雕刻

申报地域　海珠区

基本状况

牙雕是一种以象牙为原材料进行雕刻的传统技艺。广州象牙雕刻历史悠久。明清时期，是广州牙雕工艺与生产规模发展的高峰期。民国年间，牙雕商号和生产作坊集中于广州大新路，形成一条著名的象牙街。

广州象牙雕刻以镂雕牙球、象牙船、微刻书画为代表，其中象牙球是最富特色的品种，一块完整的牙料被巧妙地镂空成层层相套的牙球，层层转动自如。

广州市宝象工艺品有限公司由广州李氏象牙雕刻世家创立，代表性传承人李定宁担任艺术总监，亲自带徒授艺，在继承传统技艺的同时，融会中外美术理论和雕塑技法，把广州牙雕尤其是牙雕仕女的艺术水平提高到一个新的高度，首创把人物内容与牙灯、牙球相结合的作品，为推动象牙雕刻发展做出了卓越贡献。

▪广州牙雕代表性传承人李定宁和作品《龙的传人》

六、龙潭村扒龙舟

项目名称　龙潭村扒龙舟

申报地域　海珠区

基本状况

扒龙舟是一种与端午节相联系的传统民俗活动，又称赛龙舟。扒龙舟主要包括起龙、采青、趁景、斗标、吃龙船饭、送龙等活动。龙舟一般用柚木或坤甸木制造，长 20—30 米，包括龙头和龙尾，并备有锣、鼓、彩旗、罗伞等。扒龙舟多属宗族性活动，与端午节、龙崇拜、北帝信仰密切相关，有浓郁的水乡特色。

在明清时，广州官方和民间的扒龙舟活动已很普遍。扒龙舟主要分布在广州的天河区、荔湾区、海珠区、番禺区、增城区、黄埔区等。

海珠区龙潭村扒龙舟活动肇始于宋元时期，在明清时期已经十分盛行，距今已有数百年的历史。龙潭村内河涌交错，与周边村庄相连接，且居民民间信仰较多，尤其是纪念屈原的龙舟活动与当地居民的“妈祖”（即娘妈菩萨）信仰及“洪圣大王”的崇拜相结合，使得龙潭村扒龙舟活动具有鲜明的特色。

■龙潭村扒龙舟

广州市第四批非遗名录扩展项目

一、沙湾何氏广东音乐

项目名称　沙湾何氏广东音乐

申报地域　番禺区

基本状况

广东音乐是一种流行于以广州为中心的珠江三角洲及广府方言区的传统音乐。它以轻、柔、华、细、浓的特点和清新流畅、悠扬动听的岭南风格备受民众喜爱，影响遍及大江南北，传播到世界各地的华人社区。

广东音乐自明清以来，经历了萌发期、发展期和成熟期等阶段。乐队最典型的组合是“五架头”（即二弦、提琴、三弦、月琴、横箫）和“三架头”（粤胡、扬琴、秦琴），各种丝竹乐器配合默契，相得益彰，全面展示了岭南丝竹音乐的精微和华美。

番禺区沙湾镇是广东音乐的发源地，至今仍完整保留了三稔厅、何少霞故居、惠岩祠等重要的广东音乐遗址，“琵琶大王”何博众，“何氏三杰”何柳堂、何与年、何少霞等多位广东音乐家声名远扬。近年来，当地加大对广东音乐的保护力度，组织举办多场音乐会，相继成立多个民间社团，着手整理大量具有重要历史价值的广东音乐手稿、乐器等，推动着沙湾广东音乐的传承发展。

•三稔厅

•广东音乐“何氏三杰”（沙湾）作品音乐会

二、广东醒狮

项目名称　广东醒狮

申报地域　荔湾区

基本状况

醒狮表演是一种模拟狮子的民间舞蹈，在我国主要流行于岭南地区。醒狮表演融武术、舞蹈、音乐为一体，有文狮、武狮和少狮三种，文狮表现温顺而和善，武狮表现勇猛而刚烈，少狮即幼狮，憨态可掬。舞醒狮主要表现狮子出洞、上山、巡山相会、采青、入洞等，多用于节庆场合，取驱邪纳吉之意。

荔湾区现有 300 多名专门从事舞狮活动，有醒狮近 150 头，其中以华林街、东塱醒狮最为出名，传统醒狮在新的历史条件下呈现出欣欣向荣的发展态势。

• 荔湾黄流满堂醒狮队在表演打鼓

三、象牙雕刻

项目名称　象牙雕刻

申报地域　荔湾区、越秀区

基本状况

牙雕是以象牙为原材料进行雕刻的一种传统技艺。广州象牙雕刻历史悠久。明清时期是广州牙雕工艺与生产规模发展的高峰期。民国年间，牙雕商号和生产作坊集中于广州大新路，形成一条著名的象牙街。

广州象牙雕刻以镂雕牙球、象牙船、微刻书画为代表，其中象牙球是最富特色的品种，一块完整的牙料被巧妙地镂空成层层相套的牙球，层层转动自如。

荔湾区花城博雅工艺厂是象牙雕刻的代表性企业之一。该厂拥有象牙雕刻国家级代表性传承人、中国工艺美术大师张民辉为代表的一批各具专长的牙雕、骨雕创作技术力量和人才，在传承象牙雕刻技艺的同时，还开辟了一条以牛骨为原材料的传承牙雕技艺的新路。

越秀区的冯惠盈是象牙微雕的第三代传人，他的祖父冯公侠创立了象牙微雕，并将微雕艺术应用于图章、古书、笔筒、瓶碟、屏风上，使微雕成为广州牙雕独具特色的一个品种。

▪象牙雕刻代表性传承人张民辉和作品《福如东海》

▪象牙微雕代表性传承人冯惠盈

四、广绣

项目名称　广绣

申报地域　荔湾区、番禺区

基本状况

广绣指流传于广州及其古属地南海、番禺、顺德等地的一种刺绣工艺，与潮绣（广东潮汕地区的刺绣）合称粤绣，是我国四大名绣之一。

唐人苏颚的《杜阳杂编》描述了南海少女卢眉娘“工巧无比，能于尺绢绣《法华经》七卷”，是目前所见最早关于广绣的文献记载。自明清以来，随着广州国际贸易地位的上升，广绣制品大量外销。

广绣品种齐全，按刺绣材料分，主要有真丝绒绣、金银线绣、线绣和珠绣四类。广绣针法多变，针步均匀，能巧妙运用针法丝理表现物像的肌理；题材广泛，擅长表现岭南风物，如荔枝、红棉、百鸟等；色彩丰富，构图饱满，装饰性强。

荔湾区以陈少芳大师为代表的广绣传承群体创作了许多广绣精品，为广绣传承和发展做出了重要贡献。

番禺区是广绣发源地之一，民间刺绣工艺十分普遍。小谷围街北亭村与现在的南村、石壁一带曾是有名的花社——北亭刺绣社的所在地，几乎家家有绣架，户户有绣娘。出生于北亭刺绣世家的梁秀玲是家族第五代广绣传人，近年，她成立了刺绣艺术公司，组建了一支绣娘团队，制作出一批刺绣艺术精品。

•广绣作品《百鸟朝凤》

五、广彩

项目名称　广彩

申报地域　荔湾区、海珠区

基本状况

广彩即广州彩瓷，是我国外销瓷的主要品种之一。清康熙晚期至雍正年间，人们将景德镇的素瓷运至广州加彩后出口，广彩由此产生并日益兴盛。清中后期，广彩形成独特风格，并经历了第一个发展高峰。它构图丰满、色彩鲜艳，迎合了西方人的喜好，受到欧美市场的欢迎。二十世纪七八十年代，在政府的大力扶持下，广彩又迎来了第二个发展高峰。在继承传统的基础上，出现了多元发展的趋势。2008 年，广彩被列入国家级非物质文化遗产代表性项目名录。

荔湾区和海珠区一直以来是广彩生产和销售比较集中的两个区域。荔湾区自清中期以来就是广彩瓷庄集中之地，广彩行会灵思堂也曾坐落在西关文昌路。而清朝至民国时期的广彩作坊及艺人往往集中在海珠区庄巷、龙船岗、状元井、龙导尾一带。广州市织金彩瓷工艺厂于 1976 年从大德路迁至芳村大道，荔湾芳村成为新时期广彩艺人集中地。海珠区“赵兰桂堂”堂号始创于清同治二年（1863 年），是广彩行内第一位中国工艺美术大师赵国垣的祖父所创立，其后人继续沿用该号进行生产，是海珠区广彩创作生产的代表。

•清代广彩人物纹大碗

六、岭南盆景技艺（瑞岭盆景）

项目名称　岭南盆景技艺（瑞岭盆景）

申报地域　花都区

基本状况

岭南盆景是我国五大盆景流派之一。受岭南地理、气候、植物、文化艺术、风土人情、欣赏习惯等制约，以及作者思想、性格、艺术修养的影响，岭南盆景形成了“枝法自然，层次清楚，自然生长，自然修剪”的艺术风格。

广州市花都区赤坭镇瑞岭村，享有“盆景村”的美誉，种植盆景花卉已有100多年历史。瑞岭盆景以树桩盆景为主，取材十分广泛，以四大树种（九里香、雀梅、榔榆、福建茶）、满天星、水横枝、榕树为应用树种，九里香盆景最为有名。

•瑞岭盆景

七、广式硬木家具制作技艺

项目名称　广式硬木家具制作技艺

申报地域　白云区

基本状况

广式硬木家具制作技艺是我国传统硬木家具制作技艺的代表之一，其历史可追溯到明末清初。

广式硬木家具制作以我国传统家具风格为基础，融入外来家具造型手法，风格雄浑、富丽，雕工繁复、精巧，用料厚重，雕刻面积宽广。除大面积雕刻外，还注重镶嵌艺术的发挥，擅长使用各种装饰材料，融合多种艺术表现手法，独创了镶嵌石、木、竹、瓷、贝壳等工艺。

白云区江高镇神山地区是广式红木家具生产比较集中的一个地区，最具有代表性的是东朗红木工艺有限公司，产品除出口外销，还供国内传统家具爱好者和收藏者收藏。

•广式红木家具客厅沙发系列

八、飘色（潭山飘色）

项目名称　飘色（潭山飘色）

申报地域　番禺区

基本状况

飘色是一种融戏剧、魔术、杂技、音乐、舞蹈于一体的古老的传统民俗艺术。番禺区化龙镇潭山飘色是广州飘色的一个代表。

潭山飘色是依托化龙镇潭山娘妈庙和娘妈诞（天后诞）以及冈尾十八乡洪圣王（南海神）出会的一项民间艺术，历史悠久，早在明天启年间就已有记载。20 世纪 80 年代，潭山飘色在原来屏色的基础上吸收沙湾飘色特点，突出新（主题新颖）、奇（造型奇特）、精（制作精巧）、明（色彩明快）四大特色，现在潭山村共有 30 台飘色。

潭山飘色——传统板色《刘海戏金蟾》

九、扒龙舟

荔枝湾扒龙舟场景

项目名称　扒龙舟

申报地域　荔湾区

基本状况

扒龙舟是一种与端午节相联系的传统民俗活动，又称赛龙舟。扒龙舟主要包括起龙、采青、趁景、斗标、吃龙船饭、送龙等活动。龙舟一般用柚木或坤甸木制造，长 20—30 米，包括龙头和龙尾，并备有锣、鼓、彩旗、罗伞等。扒龙舟多属宗族性活动，与端午节、龙崇拜、北帝信仰密切相关，有浓郁的水乡特色。

在明清时，广州官方和民间的扒龙舟活动已很普遍。扒龙舟主要分布在广州的天河区、荔湾区、海珠区、番禺区、增城区、黄埔区等。

荔湾区扒龙舟已有 400 多年历史，目前主要分布在泮塘、增埗、东漖、坑口、东沙、海龙等河涌密布区域。每年都由政府组织，商人、企业赞助，举办大型的龙舟活动。